I0764909

LIBERARE IL PRIMATE, SALVARE LA PRINCIPESSA

Damián Ruiz

Liberare il primate, salvare la principessa

Un metodo Analitico-Esperienziale
per il trattamento del Disturbo Ossessivo

Prima edizione: ottobre 2014
Seconda edizione rivista: giugno 2020
Progetto di copertina: Cristina González
Layout: Dana Catruna

ISBN 13: 9798579598691

Editoriale di Oriocc
Guitard, 45, 3
08014 Barcellona
Spagna

Stampa: Amazon

Ai miei pazienti

Per condividere le loro vite

Per risolvere un problema che da molto tempo non trova soluzione, è molto probabile che debba cambiare il punto di vista dal quale lo osservi. Solo così potrai trovare una logica diversa e solo così, forse, potrai scoprire la soluzione.

Damián Ruiz

Indice

Damián Ruíz iniziò a parlarmi per la prima volta di un metodo di base Analitico-Esperienziale, la metodologia che aveva sviluppato, durante il colloquio nel quale mi propose la possibilità di lavorare in IPITIA, il Centro specializzato in disturbo ossessivo che dirige a Barcellona.

Mi disse che la grande maggioranza dei miei pazienti sarebbero state persone affette da questo problema, a volte da molti anni, esposte a un livello di sofferenza elevatissimo, e che molti di loro avevano quasi perso la speranza di poter ridurre tale sofferenza. La prospettiva di lavorare prevalentemente con pazienti ossessivi mi sembrò stimolante, ma allo stesso tempo mi generava dubbi, giacché nel corso degli anni di formazione non mi era mai stata trasmessa molta fiducia nelle possibilità reali di cura di tale disturbo.

Ma, quando egli mi spiegò la logica che sostiene l'efficacia della metodologia, essa dal primo momento mi sembrò di una coerenza manifesta e incontrovertibile. E quando la logica è sorretta dai risultati clinici, come ebbi modo di constatare da quel momento in poi, allora vuol dire che la strada è quella giusta.

Dal punto di vista terapeutico la metodologia è molto chiara, ma non rigida. Non si tratta di un protocollo inflessibile, poiché la rigidità è proprio ciò che cerchiamo di ridurre ed affievolire nel paziente. La metodologia, Analitico-Esperienziale, che arrivammo a chiamare AFOP®, è un paradigma completamente nuovo, un angolo diverso dal quale osservare il disturbo, che richiede necessariamente un cambiamento radicale di prospettiva sia per il paziente che per il terapeuta.

La profonda implicazione da parte di entrambi è fondamentale, ed è ciò che rende possibile il processo di trasformazione personale che riduce l'ansia che alimenta ossessioni e compulsioni.

Avere l'opportunità di osservare il modo in cui la sintomatologia ossessiva si riduce progressivamente, man mano che la persona sblocca l'istinto, la passione, la creatività, la sessualità e gli altri elementi illustrati in questo libro, è un privilegio del quale mi sento particolarmente orgoglioso, e mi fa provare un senso di gratitudine nei confronti dell'opportunità che mi è stata concessa.

"Liberare il primate, salvare la principessa" è un testo di cui richiedo la lettura a ognuno dei pazienti con i quali inizio una terapia per superare un disturbo ossessivo, poiché so con certezza che si sentiranno compresi e identificati in molti aspetti, ma anche fiduciosi e vogliosi di cambiare gli elementi delle loro vite che mantengono il disturbo.

Quindi sono sicuro che anche tu, lettore, potrai nutrirti delle stesse sensazioni attraverso queste pagine.

Marco De Colle
Psicologo e Psicoterapeuta
IPITIA, Barcellona

Alcuni anni fa ho iniziato a sviluppare una nuova metodologia per il trattamento del disturbo ossessivo e ho scritto quella che sarebbe stata la prima edizione di questo libro. Un libro informativo indirizzato a pazienti e famigliari che cerca di spiegare quali sono le circostanze che portano una persona, più in la del fatto che esista predisposizione genetica, a soffrire di questa problematica.

Convinto come sono - come tanti altri psicologi, neurologi e psichiatri - della plasticità del cervello, cioè che sia suscettibile ai cambiamenti , credo nella possibilità di cura o di miglioramento significativo del DOC in molti casi.

È vero ci sono opinioni parecchio consolidate riguardanti il DOC e la sua relativa cura. Ma io desidero rendere comprensibile e spiegare questa metodologia che è efficace in una percentuale significativa di casi, come noi stessi riscontriamo ogni giorno presso il nostro Centro **IPITIA** di Barcellona.

Tra la prima edizione del libro cinque anni fa e la presente edizione, ho parlato e presentato la nostra linea terapeutica a numerosi professionisti della psicologia, della psichiatria, professori universitari e membri della Direzione dell'Albo degli psicologi. Sono stato al Congresso Europeo di Psicologia tenutosi a luglio 2019 a Mosca, ed ho esposto, dati alla mano, i risultati del nostro lavoro, nonché la teoria e la pratica della metodologia che ho elaborato e che, progressivamente, stiamo affinando per renderla sempre più efficace a livello terapeutico.

Abbiamo dato trattamento a centinaia di pazienti sia in modo presenziale sia Online in tutto il mondo, molti dei quali ci hanno raggiunto fisicamente a Barcellona da diversi Paesi: Canada, Messico, Colombia, Regno Unito, Israele, Cina, Emirati Arabi....

Comunque nulla di tutto ciò può essere considerato come un traguardo, ma come una responsabilità, perché proponendo un nuovo metodo terapeutico, che abbiamo chiamato Analitico-Esperienziale - che comincia da una profonda analisi delle variabili che hanno innescato il disturbo ossessivo e dalla attivazione di elementi istintivi e pulsionali come base fondamentale del processo di superamento – dobbiamo, vogliamo essere, e siamo, sempre più autoesigenti. Sappiamo che da noi ci si aspetta un risultato effettivo e mettiamo tutto il nostro impegno per ottenerlo.

Di questo libro sono state vendute migliaia di copie e c'è un grande desiderio da parte di molti pazienti e delle loro famiglie, di credere in una terapia che sia efficace nella cura delle ossessioni e delle compulsioni, per superarle completamente o per arrivare ridurle in modo significativo. Noi lo sappiamo, e per questo basandoci sulla ricerca e su uno sforzo autentico, stiamo ottenendo progressi sempre maggiori in quest'area.

Infine vorrei aggiungere alcune parole sulla teoria Analitico-Esperienziale che sostiene la metodologia AFOP (Attivazione e Focalizzazione Pulsionale) che, come ho già detto , cominciai ad elaborare qualche anno fa e che con la nostro team di psicologi stiamo migliorando e che costituisce la linea terapeutica che utilizziamo nel nostro Centro.

La mia formazione come analista Junghiano (sono membro della IAAP International Association for Analytical Psichology, con sede a Zurigo, Svizzera) ed il mio interesse per altre due linee di studio: la teoria psicologica di Theodore Millon e in particolar modo la lettura di saggi e studi sulla primatologia (i primati, con i quali in alcuni casi condividiamo più del 98% dei nostri geni) mi hanno portato ad una visione dell'essere umano che oscilla tra il materiale-biologico-sociale ed il trascendente. Da ciò deriva la nostra propensione a scoprire quale sia stato il fattore scatenante che ha portato alla comparsa della paura e/o della colpa nel corso dell'infanzia o dell'adolescenza; ma anche, una volta "liberata o sbloccata" questa paura e/o causa, cerchiamo il modo per aiutare la persona a liberarsi dal iper-adattamento o sottomissione, trovando un modo di individuarsi che consenta alla persona di non più ricadere nel "modus vivendi" proprio della fantasia di paura o della colpa, ma di avanzare progredendo attraverso la conoscenza di sé stessi.

Tutto questo attraverso una rigorosa Analisi della propria storia vitale e attraverso la sperimentazione (Esperienza) nello spazio della realtà.

Ma di tutto questo scriverò in un prossimo futuro.

Giunsi alla psicologia, molti anni or sono, grazie alla mia passione per i romanzi gialli, specialmente quelli di Agatha Christie. A diciassette anni li avevo già letti quasi tutti. Ricordo che, se a volte avevo la febbre e non potevo andare al liceo, ero contento, poiché ciò significava che avrei potuto divorare, anche dall'inizio alla fine senza fermarmi, una nuova storia della maestra del genere giallo.

Grazie a lei capii che, spesso, le cose non sono come sembrano, che le logiche che spiegano determinati eventi esulano dal pensiero comune; e che il fatto che molte persone pensino una stessa cosa, o abbiano una stessa idea, non significa necessariamente che essa sia corretta. Non solo. Mi spingo anche a dire che, se c'è troppa unanimità nell'affrontare una questione, probabilmente ciò che si sta accettando di comune accordo è esclusivamente una risposta di comodo, oppure si tratta di un patto implicito per non risolverla e poter tranquillamente dire "non c'è soluzione".

Ora che sono trascorsi ormai più di vent'anni, da quando iniziai il mio lavoro di psicologo, posso dire che ciò che più mi stimola della mia professione sono i traguardi difficili, i casi complicati, e in particolar modo le psicopatologie considerate croniche. E non solo perché rappresentano una sfida intellettuale, ma anche perché non esiste soddisfazione più grande, per un terapeuta, di liberare una persona dalla sofferenza.

Mi azzardo a scrivere questo libro, perché credo che il disturbo ossessivo si possa curare nella maggior parte dei casi. Ho avuto pazienti che ce l'hanno fatta completamente, altri che l'hanno ridotto a livelli insignificanti, altri che sono migliorati in modo sostanziale; ed è altresì vero che ho trovato anche casi resistenti e che il mio lavoro attuale consiste nel fare in modo che smettano di esserlo.

Se tutto ciò non fosse vero, non lo affermerei con questa sicurezza, perché non sarebbe onesto e mi parrebbe un palese inganno verso persone che soffrono, a volte molto intensamente.

Questo libro è diretto a loro, ai loro familiari, a quegli psicologi e psichiatri che hanno l'opportunità di abbandonare la dottrina ufficiale, più ortodossa, e a tutte quelle persone che, per un motivo o per un altro, sono interessate a sapere come si sviluppa, s'insedia e si dissolve un disturbo ossessivo.

Come sono arrivato a queste conclusioni?

Come direbbe Poirot, l'eccentrico detective creato da Agatha Christie:

- *"Osserva senza pregiudizi, semplifica al massimo il tuo modo di guardare le cose e, forse, potrai "vedere" l'ovvio, ciò che si nasconde dietro l'apparenza."*

L'anima oppressa.

1. Cos'è un disturbo ossessivo?

Un disturbo ossessivo, compulsivo o no, è un problema psico-logico che si manifesta attraverso idee ripetitive rispetto a uno o più soggetti e che, nei casi in cui l'ansia è più elevata, può arrivare a produrre atti compulsivi, rituali di carattere compor- tamentale o mentale, che hanno il fine di contenere i timori che accompagnano tali idee.

Ma, sintetizzando al massimo, possiamo arrivare ad affermare che un disturbo ossessivo-compulsivo è una manifestazione pura e semplice di un livello d'ansia elevatissimo.

Quindi, prima lezione di semplice logica: se riusciamo a ridurre considerevolmente quell'ansia che, bisogna ammettere, esula da qualsiasi controllo farmacologico, cognitivo o comportamentale, allora potremo iniziare a ridurre le manifestazioni ossessive. In- oltre, se facciamo in modo di farla scomparire del tutto, faremo scomparire anche le ossessioni.

Rituali come pulire ripetutamente cose già pulite, aprire e chi- udere la stessa porta diverse volte, o contare, sono esempi di compulsioni che indicano la gravità del disturbo ossessivo di cui soffre la persona.

2. Come si genera un disturbo ossessivo?

a. Il condizionamento filogenetico

Al termine del quarto anno del corso di laurea in psicologia, la professoressa di biologia, la Dott.sa Dolors Segarra, ci disse in tono solenne: «ricordatevi sempre che l'essere umano non è altro che un primate con una spennellata di cultura». In quel momento, quando già possedevo una visione più trascendente, più spirituale dell'esistenza — forse a causa di un mio bisogno personale —, pensai che si trattasse di un'idea eccessivamente riduzionista e che l'essere umano fosse molto più di quello che affermava la professoressa. In seguito, mi resi conto del fatto che nella maggior parte delle teorie psicologiche abbondavano gli aspetti cognitivi e inconsci, ma poche di esse, per non dire nessuna, tenevano in considerazione il primate che soggiace in ognuno di noi; benché il non farlo — in una società così nevrotica come la nostra — poteva anche implicare una grave difficoltà al momento di dover eliminare un disturbo psicologico.

Possiamo definire la filogenetica come "lo studio dello sviluppo umano dall'inizio dei tempi fino a oggi". Lo sviluppo del nostro DNA ha subito innumerevoli mutazioni nel corso della nostra storia come specie, per arrivare a essere ciò che siamo attualmente. Il fatto è che esiste una memoria genetica che contempla tutto questo processo storico e, se consideriamo che la civilizzazione dell'uomo inizia solo circa 10.000

anni fa, è comprensibile come nel nostro DNA siano ancora fortemente presenti degli elementi pre-civilizzati e come, in molte occasioni, il sistema limbico e il cervelletto ancora dominino, a livello comportamentale, i processi cognitivi prodotti dalla corteccia cerebrale.

Nonostante che dal mio punto di vista la frase lapidaria della professoressa non sia del tutto esatta, essa contiene un'informazione essenziale da tenere in conto, e cioè il fatto che — fatta eccezione per la possibilità di sviluppare l'intelligenza, la coscienza e la spiritualità —, forse siamo ancora fondamentalmente dei primati. In altre parole, se il primate non si sente minimamente libero nella sua condizione biologica e non si sente a suo agio nel proprio spazio bio-sociale, non potrà accedere alle condizioni intellettive superiori che si sono sviluppate nel corso della storia.

Nella maggior parte dei disturbi ossessivi, il "logos" (la ragione), la corteccia cerebrale, ha soppresso il primate. Ciò significa bloccare la parte più sostanziale della nostra configurazione biochimica. Pertanto, una delle prime azioni terapeutiche da compiere nel trattamento del disturbo, dovrebbe essere ciò che, per intenderci, possiamo chiamare "liberare il primate" che tutti portiamo dentro.

b. Il condizionamento ontogenetico

Per ontogenesi s'intende tutto il processo che un individuo attraversa dal momento in cui avviene la fecondazione dell'ovulo fino all'età adulta. Tuttavia, non esistono studi seri sull'importanza del momento della fecondazione, nello specifico sulle condizioni ambientali, sociali e fisiche dei progenitori. Però, esistono studi sullo sviluppo durante il processo di gestazione: lo stato emozionale e fisico che vive la madre, in qualche modo, viene trasmesso al feto.

La medicina insiste su temi come "non fumare, non bere alcool, non prendere determinati tipi di medicinali e non consumare droghe" durante la gravidanza; però di uguale importanza è la condizione emotiva della madre. Per esempio: è una gravidanza desiderata? La condizione economica è adeguata? Le relazioni della madre e del padre del nascituro con le rispettive famiglie sono equilibrate? La madre, in quanto donna, è ben integrata nella comunità?

La risposta a tutte queste domande inciderà sul feto a livello biochimico in un modo o nell'altro; per esempio, un livello di stress molto elevato nella madre può generare una tendenza all'irritabilità nervosa del futuro bambino, al di là dell'eredità genetica. Pertanto, il bambino nascerà con un certo livello di condizionamento che, successivamente, continuerà a incidere su di lui durante la crescita, nella quale il vincolo affettivo con il contesto familiare — soprattutto con la madre —, e la stabilità che questo ambiente trasmette, saranno fondamentali per stabilire delle condizioni neurologiche adeguate, generando una sufficiente serenità mentale, che è assolutamente imprescindibile per lo sviluppo dell'individuo. Durante la crescita e fino all'età adulta, l'impatto che il mondo esterno esercita sulla creatura si riduce progressivamente: ciò significa che una situazione traumatica vissuta a tre anni non ha la stessa influenza psichica che avrebbe a quattordici anni, poiché in età precoce non esiste la possibilità di elaborazione cognitiva degli eventi che accadono. Un esempio: se un bambino di due anni vive in un paese assediato dalla guerra, dove continuamente si sentono bombardamenti e gli adulti vivono in una perenne situazione di ansia, è molto probabile che in questa creatura si generi un collasso del sistema nervoso, che quasi non percepirà fino all'età adulta. La paura si sarà instaurata nel suo sistema limbico a un livello subcosciente, di modo che, durante il resto della sua infanzia, vivrà con l'apparente tranquillità tipica di molti bambini, nonostante abbia vissuto situazioni terribili. Soltanto a partire dalla fase dell'adolescenza, tutto ciò che è rimasto latente fino a quel momento inizierà a manifestarsi con maggiore o minore intensità, a seconda delle strategie che il soggetto svilupperà e della tutela che riceverà dall'ambiente in cui vive.

In molti casi di disturbo ossessivo ho potuto constatare la presenza di eventi gravi durante l'infanzia o l'adolescenza, come la perdita improvvisa di un genitore; oppure di circostanze stressanti protrattesi per molto tempo, come ad esempio vicende di bullismo a scuola, abuso psicologico da parte dei genitori, isolamento affettivo — vissuto in un ambiente ostile in cui i genitori manifestano permanentemente odio reciproco, carenze affettive gravi, carenze alimentari, disturbi psicologici importanti, alcolismo o dipendenze da droga —. Tutto ciò produrrà un collasso del sistema nervoso che farà sì che il bambino o la bambina lo inibisca, lo reprima in modo automatico, per poter sopravvivere davanti allo stato di tensione permanente a cui sarà sottoposto o sottoposta.

Partendo da questi presupposti, possiamo dedurre quanto sia importante lo sviluppo di una persona, soprattutto nelle prime fasi di vita, dalla gravidanza all'infanzia e fino all'adolescenza.

Mi sento di poter affermare che la maggior parte dei disturbi ossessivi si genera nei primi quindici anni di vita di un individuo, sebbene a volte essi non si manifestino fino alla prima giovinezza. Riguardo al paragrafo precedente, possiamo dire che il bambino o l'adolescente "reprime la sua parte più istintiva cercando di sottoporla a un controllo mentale, allo scopo di non generare maggiore ansia o paura". Un esempio: una bambina di tre anni vive con i suoi genitori in una famiglia con problemi economici, in cui i genitori continuamente discutono, gridano e a volte si minacciano fisicamente. Per far fronte al terrore che questa situazione costantemente le provoca, la bambina sviluppa inconsciamente una strategia che consiste in concentrarsi nei propri giochi, cercando di isolarsi rispetto a ciò che succede nell'ambiente circostante. La bambina sta imparando a controllare una situazione che, altrimenti, potrebbe non riuscire a sopportare. Prestiamo attenzione alla parola "controllo": sin da quando è molto piccola, la bambina perde naturalezza e spontaneità per iniziare a "controllare" la propria vita. Questo apprendimento prematuro marcherà la sua vita adulta, in cui molto probabilmente — e in modo inconscio — proverà a controllare tutto ciò che le succede. Forse si tratta di una semplificazione, ma ciò che voglio trasmettere è l'idea che, durante l'infanzia e l'adolescenza, quello che in futuro sarà un paziente affetto da un disturbo ossessivo, impara già a sostituire le "pulsioni naturali" con la "ragione". La questione, per lui, per lei o per il terapeuta di cui avrà bisogno in futuro, è: come restituire l'istinto che si è perso? Questa è la domanda su cui porremo l'attenzione. Sono convinto che in futuro tutte le terapie il cui scopo sia curare una problematica ossessiva, dovranno basarsi su questa questione.

3. GLI STADI PATOLOGICI:

a. Predisposizione genetica

Come molti studiosi di genetica affermano, possiamo sostenere che nella maggior parte dei casi di patologia fisica o psichica la genetica predispone, ma non condanna necessariamente la persona. Spiegato con un semplice esempio, se qualcuno ha un fegato geneticamente vulnerabile, ma cura la propria alimentazione e non consuma, o consuma con moderazione, bevande alcoliche, può non sviluppare la malattia.

Per quanto concerne il tema che stiamo trattando, è esattamente la stessa cosa. Probabilmente molte persone che presentano manifestazioni ossessive possono avere un DNA vulnerabile e con tendenza ad attivare questo disturbo, però non per forza ne soffriranno; e, nel caso in cui ciò succeda, esiste la possibilità di diminuire i fattori di stress e, soprattutto, di attivare altri aspetti della personalità che possano attenuarlo progressivamente.

b. Emozioni represse

Prima di arrivare ad avere un disturbo ossessivo compulsivo, la persona è passata per diversi stadi patologici, alcuni dei quali con sintomatologia minima o senza manifestazioni. Dobbiamo pensare che il periodo di incubazione, di quello che in un futuro sarà questo disturbo, inizia, come ho già detto, in un determinato momento dell'infanzia o al massimo dell'adolescenza.

Facciamo un esempio immaginario, che ci serva da modello. Luis vive in un contesto familiare in cui i genitori discutono ininterrottamente. A volte ascolta il padre dire alla madre 'ti ammazzo!'. La madre costantemente minaccia di andarsene di casa. Luis ha cinque anni e vive questa situazione da quando ha l'uso della ragione. Poiché la tensione nell'ambiente è permanente, Luis ha imparato a non provocare ulteriori problemi, comportandosi in modo tale da non importunare o irritare i suoi genitori. A volte avrebbe voglia di suonare la pianola che c'è in casa, però sa che, suonandola, potrebbe risvegliare l'irritabilità di uno di loro. Cerca di piangere il meno possibile e a scuola è un alunno modello, anche se i maestri hanno notato che è un bambino molto timido e molto inibito nella relazione con i compagni e l'hanno comunicato ai genitori. Probabilmente, in questa fase Luis sta creando il blocco psico-biologico che, non potendo essere liberato, finirà per generare una personalità ossessiva o addirittura, secondo le circostanze che vivrà nell'arco della sua vita, un disturbo di maggiore gravità. Mi ripeto, affinché sia chiaro ciò che è stato detto nel paragrafo precedente: è possibile che la predisposizione genetica di Luis lo porti ad avere un atteggiamento inibito, mentre altri bambini probabilmente reagirebbero piangendo, gridando, assumendo comportamenti ribelli, che verrebbero repressi dai genitori, provocando così un'ulteriore situazione di instabilità e tensione nell'ambiente familiare. Tuttavia, l'espressione del loro stato d'animo li salverebbe da un possibile futuro disturbo.

Riassumendo, stiamo affermando che le pulsioni, gli istinti, le emozioni che si esprimono durante l'infanzia e l'adolescenza, possono considerarsi come una garanzia del fatto che non si svilupperà un disturbo ossessivo in futuro.

c. Ansia, angoscia, tristezza, odio e ira

Quando parliamo di emozioni represse, parliamo sostanzialmente di questi cinque elementi. È vero, però, che l'ansia non è un'emozione vera e propria, bensì il sintomo della non fluidità delle altre. Ogni volta che proviamo ansia, vuol dire che qualche emozione basilare è stata o continua a essere trattenuta.

La manifestazione della tristezza a volte resta inibita a causa della mancanza di recettori adeguati. Un bambino piange se sa che qualcuno vicino a lui lo consolerà. Se l'ambiente relazionale in cui si trova si dimostra indifferente o qualcuno lo sgrida, il bambino imparerà a non mostrare la propria tristezza. Lo stesso succede con l'affetto. Ci sono ambiti familiari anaffettivi per diversi motivi. In alcuni si tratta di una questione di status: cioè si crede che la dimostrazione di affetto sia una debolezza che alla lunga provochi vulnerabilità nella persona, rendendola quindi manipolabile. In altri palesemente non si sa come esprimerlo e in altri ancora l'ambiente è ostile.

Per quanto riguarda l'angoscia, invece, si tratta di una combinazione di ansia e tristezza che solitamente può essere liberata attraverso il pianto. Insisto ancora sull'idea che ci sono ambienti che, per diverse ragioni, impediscono l'espressione di questo pianto.

Infine, parliamo dell'ira, della rabbia e dell'odio. Queste sono emozioni che i miei pazienti, attuali e passati, mi hanno spiegato di aver represso in qualche momento della prima fase della loro vita. Non c'è nulla di più terribile che essere umiliati, molestati, insultati e non avere la possibilità o la capacità di difendersi. Ciò genera un blocco emozionale molto forte il quale, a sua volta, provocherà molta ansia, che non potrà essere manifestata.

Ricordo di aver assistito alla seguente situazione: un bambino di circa cinque anni stava giocando con altri bambini, quando, all'improvviso, si avvicinò a suo padre piangendo e dicendogli

«Papà, mi hanno insultato e mi hanno picchiato». Il padre gli rispose «Beh, vai a difenderti, perché, se non lo farai tu, allora sarò io a picchiarti!». Con il rischio di sembrare politicamente scorretto (nonostante ci sia abituato), mi sembrò la frase più sensata che il padre potesse dire al bambino. Il messaggio implicito del padre era il seguente: "io sono qui per proteggerti, quindi ti do la sicurezza necessaria per fare in modo che tu ti difenda"; ma soprattutto, "sii capace di esprimere le tue pulsioni primarie". È meglio che il bambino riceva un altro schiaffo da un compagno di giochi, piuttosto che sottomettersi all'inibizione. Perciò è importante che i bambini e le bambine imparino, sin da piccoli, a esprimersi e a reagire, anche se evidentemente con dei limiti: non possiamo permettere a un bambino di essere aggressivo e picchiare gli altri in continuazione, o di piangere per qualsiasi motivo; però dobbiamo educarlo alla gestione di tutte queste emozioni, mai alla loro repressione.

d. Personalità ossessiva

Quando, per scrivere, frequentavo le biblioteche (ora mi ritiro fuori città), notavo spesso la curiosa abitudine di alcuni giovani studenti universitari di usare cinque tipi di evidenziatori diversi: giallo, rosa, verde, azzurro e rosso. Se qualcuno di loro si sedeva vicino a me — io cercavo di individuarli prima di sedermici accanto —, il rumore ripetitivo di mettere e togliere il cappuccio agli evidenziatori era snervante. Questa parola evidenziata in rosa, adesso quest'altra in verde, la frase seguente in rosso... era come un codice criptato che solo loro potevano decifrare. Immagino, inoltre, che ogni colore rappresentasse qualcosa di diverso, a volte qualcosa di non molto importante e altre, al contrario, un concetto chiave.

Senza spaventare nessuno, giacché quest'abitudine è molto frequente in alcuni giovani, possiamo dire che si tratta di un comportamento chiaramente ossessivo, anche se ciò non vuol dire che sia patologico.

Aggiungiamo qualche altro comportamento: le persone che riscrivono in bella gli appunti e li redigono ordinatamente, creando un dossier per ogni materia; oppure quelle che puliscono superfici già pulite, o che dispongono i libri in ordine alfabetico, o, ancora, quelle che separano i vestiti per colore, e così via... ci sono migliaia di comportamenti ossessivi che possono non essere considerati patologici.

Fino a non molto tempo fa, per esempio, era comune in alcune famiglie di diverso livello socio-economico avere una stanza inutilizzata all'interno della propria casa, semplicemente come ambiente impeccabile da poter esibire. L'abitudine di avere saloni che si aprivano solo in occasioni speciali, era un'usanza tipica delle famiglie aristocratiche o alto-borghesi che in seguito si diffuse ad altre fasce della popolazione. È possibile trovare appartamenti di settanta metri quadrati dove mai, o solo in casi eccezionali, si entra nel salotto. Questo è un altro esempio che presenta caratteristiche ossessive dei proprietari della casa o di almeno uno di loro.

Le personalità ossessive di solito manifestano anche una grave ansia anticipatoria, dovuta a una necessità di controllare tutto ciò che succede intorno a loro e quindi anche gli avvenimenti che ancora non sono accaduti. Provano a pianificare la propria vita in modo che non si verifichi alcun imprevisto che essi non considerino opportuno.

e. Nevrosi ossessiva

La nevrosi ossessiva e la nevrosi isterica furono, in qualche modo, le patologie alla base dello stile di vita occidentale fino a circa uno o due decenni fa, quando il narcisismo e la psicopatia iniziarono a essere predominanti. Detto in termini colloquiali, il nevrotico ossessivo è una persona totalmente dipendente dalle proprie azioni, da ciò che esse rappresentano per gli altri, dalla considerazione che gli altri hanno di lui o lei, e delle possibili conseguenze che quelle sue azioni potrebbero avere. In termini attuali, è come se si stesse sempre partecipando a un casting. La differenza tra il passato e il presente, in cui predomina il narcisismo, è che attualmente si sta diffondendo un auto conformismo e una sopravvalutazione smisurata rispetto a ciò che una persona è; e questo fatto è così evidente che nell'ultima inchiesta sul narcisismo — che si realizza ogni certo qual tempo negli Stati Uniti su giovani ventenni — la risposta predominante, alla domanda su chi fosse la persona o il personaggio che più stimavano, è stata "me stesso".

A differenza di questa componente narcisistica sempre più diffusa — che condanna le persone ad essere più vulnerabili ed eccessivamente reattive alle frustrazioni —, il nevrotico ossessivo è in perenne conflitto con se stesso, con le sue azioni e i suoi pensieri, e mette ogni cosa in discussione. Se in qualche momento alza il tono della voce durante una lite, permettendosi brevemente di manifestare il proprio dissenso su qualcosa che sia stato detto o fatto, durante il resto della giornata si sente colpevole o si sente male per aver agito in tal modo. Sulla nevrosi ossessiva esiste un'ampia letteratura in psicologia che fornisce diverse spiegazioni, dalla repressione sessuale — inclusa la tendenza verso lo stesso sesso — fino a elementi di ambivalenza e alle interazioni affettive, passando per teorie di vario tipo.

La mia opinione è che il nevrotico ossessivo è una persona che ha passato la maggior parte della sua vita reprimendo le proprie necessità di base, tanto a livello emozionale quanto a livello di espressione delle pulsioni. Riassumendo, si raggiunge lo stato di nevrosi ossessiva passando necessariamente per i tre precedenti punti che compongono questo capitolo.

Secondo la teoria di Jung, i complessi sono intesi come un'invasione di "contenuti estranei" che non sono potuti essere elaborati dalla psiche. Per esempio, una persona affetta da un complesso paterno ci starebbe comunicando di aver interiorizzato determinati fattori caratteriali e della personalità di suo padre, senza averli elaborati nell'individuale sviluppo della personalità. In questo modo avviene un'identificazione massiccia, anche se inconscia, con la figura paterna, che in alcune occasioni può essere in profonda contraddizione con la propria potenziale identità non sviluppata. Quindi, la persona che soffre questo complesso può vivere un conflitto latente, che non necessariamente si manifesta e da cui sorge il controllo eccessivo su tutte le sue abitudini.

Immaginiamo un padre rigido, conservatore e autoritario, e un figlio la cui base genetica lo porterebbe ad avere un temperamento che segua uno sviluppo naturale di sperimentazione vitale, con tutte le sue conseguenze. Se gli aspetti psicologici del padre hanno intriso la psiche del figlio, quest'ultimo dovrà reprimere il proprio autentico temperamento, per non essere in conflitto con il complesso. Che cosa farà? Pensare prima di agire. Penserà così tanto, che la spontaneità sparirà.

Una delle caratteristiche di qualsiasi grado d'ossessione è quella di sostituire la spontaneità con il controllo. Vedremo che nel disturbo ossessivo compulsivo quest'aspetto si manifesta ai massimi livelli.

Abbiamo iniziato questo paragrafo con l'idea che l'Occidente si sia configurato con questi due modelli predominanti: il nevrotico ossessivo e il nevrotico isterico. Abbozzerò solamente un'idea della nevrosi isterica dicendo che è la tendenza all'espressione dei conflitti psichici attraverso il corpo, in particolare quelli d'indole sessuale, ma non solo: anche quelli d'indole affettiva.

f. Disturbo ossessivo

Il disturbo ossessivo si verifica quando, durante un certo periodo, l'individuo non ha trovato alcuna via di fuga per liberare le proprie pulsioni, per sbloccare un sistema nervoso paralizzato. L'ansia e l'inibizione accumulate sono ormai molto profonde, tanto che questa paralisi l'ha portato a uno stato di tensione interna tale che qualsiasi parola, frase, fatto, circostanza che lo impressioni, può restare intrappolata nella sua mente, convertendosi in un pensiero ripetitivo che non si ferma mai. È la manifestazione più chiara di ciò che potremmo chiamare la "prigione mentale", dove il pensiero conscio è la guardia carceraria e il contenuto ossessivo è il grido che l'inconscio sprigiona per essere liberato.

Di quale inconscio parliamo? Il sistema limbico e il cervelletto sono entrambi rinchiusi in una prigione, e cercano continuamente di liberarsi dalla tirannia della corteccia cerebrale. Dunque, cosa dovremmo fare? Dobbiamo rafforzare e dare potere al sistema limbico e al cervelletto, per fare in modo che possano ribellarsi con tanta forza da sconfiggere la tirannia che rappresenta il pensiero conscio. Non insegneremo al paziente a vivere nella prigione conformandosi a questa condizione. Sbloccheremo le forze primarie in modo da produrre un'autentica rivoluzione.

Più avanti in questo testo, spiegheremo tutto ciò nello specifico.

g. Disturbo ossessivo compulsivo

Parliamo del livello massimo della patologia rispetto alla problematica ossessiva. Si tratta, probabilmente, del disturbo psicologico che produce più sofferenza a una persona. In questo stadio, il livello di ossessione rispetto a un determinato soggetto, o rispetto a qualche meccanismo sviluppato dalla mente, è così alto che, per poterlo fermare, l'individuo ha sviluppato una serie di rituali di condotta o di pensiero che, solo essendo eseguiti, permettono di lasciare da parte per un breve intervallo di tempo questo pensiero.

Nel film "Qualcosa è cambiato" (James L. Brooks, 1997), interpretato da Jack Nicholson, possiamo vedere chiaramente

come si comporta una persona affetta da questo disturbo. Uno degli esempi più chiari è quando il protagonista cammina cercando di non pestare le linee che separano le mattonelle del pavimento, mentre le conta una a una. C'è chi ha bisogno di lavarsi le mani molte volte di seguito, altri devono svolgere una specie di rituale togliendo o mettendo un oggetto nello stesso posto per un determinato numero di volte, o toccarsi delle parti del corpo rispettando un ordine particolare. Ci sono infinite modalità di rituali che, presumibilmente, permettono alla mente di riposare, anche se solo per pochi istanti.

Riepilogando, qual è la sintomatologia di un disturbo ossessivo?

Nel disturbo ossessivo:

In questo caso, la sintomatologia consiste nella ripetizione di uno stesso pensiero, la ripetizione di una stessa parola, l'interminabile analisi di qualcosa che ha prodotto un conflitto o la tendenza a realizzare un atto mentale concreto (sommare numeri, moltiplicarli, cercare una cifra determinata, ecc.).

Nel disturbo ossessivo compulsivo:

In questo caso, alla sintomatologia precedente si aggiunge un rituale o un atto determinato, che faccia cessare momentaneamente il pensiero.

In entrambi i casi ci sono diversi livelli di gravità. In alcune persone il sintomo compare in forma breve e puntuale, mentre in altre il pensiero è talmente insistente che le porta a un esaurimento energetico, così forte da indurle a dormire o a riposare per tutto il giorno. In questi casi è indispensabile l'immediata liberazione delle emozioni e delle pulsioni, per far fronte alla terribile dittatura controllatrice esercitata da un pensiero cosciente che ha inibito tutti gli impulsi vitali.

4. Tipologie di pensieri ricorrenti

a. Essere omosessuale

Uno dei contenuti più abituali dei disturbi ossessivi è il tema dell'omosessualità. Uomini e donne eterosessuali che non avevano mai sentito nessun tipo di attrazione verso persone dello stesso sesso, un giorno senza preavviso, a causa di un fatto apparentemente insignificante come vedere per strada una persona giovane e attraente, iniziano a considerare l'idea che potrebbero essere omosessuali. Questo pensiero produce un impatto che sembra alterare biochimicamente per alcuni secondi la persona e, a partire da questo momento, il dubbio potrebbe rimanere registrato nella mente dell'individuo. Quindi, in presenza di qualsiasi persona attraente dello stesso sesso, che sia reale, o vista in televisione o al cinema, l'incertezza tornerà ad apparire.

Il dubbio altera in modo così potente il sistema nervoso, che alcune persone sentono addirittura una sensazione di formicolio nella zona genitale, aumentando ancor di più l'angoscia rispetto alla possibilità che questa tendenza sia una realtà che non vogliono accettare.

Prima di continuare con la spiegazione di questo punto, propongo la seguente questione: perché nessuna persona omosessuale, che accetti o no la propria omosessualità, ha pensieri ossessivi al riguardo?

Ho avuto in cura persone omosessuali con disturbo ossessivo, però in nessun caso il tema della propria sessualità era motivo ricorrente di pensiero ossessivo. Inoltre, le tendenze sessuali sono inevitabili e si possono gestire in diversi modi, ma ciò che nessuno può fare è ingannare se stesso. Come già descrisse alcuni anni fa la coppia di psichiatri nordamericani Masters e Johnson, la popolazione si distribuisce su una scala graduale di orientazione sessuale, che essi indicarono con una scala numerica tra l'1 e il 7, in cui l'1 corrisponde all'eterosessualità pura e il 7 all' omosessualità pura, passando per diversi livelli di bisessualità. Tali dati, individuati da Kinsey per primo, nonostante il fatto che all'epoca causarono molto scandalo nella popolazione nordamericana, rispecchiano in realtà una classificazione abbastanza corretta della popolazione.

Approssimativamente, si sa che il 10% della popolazione maschile e circa il 5% di quella femminile è omosessuale e il loro grado di visibilità dipende esclusivamente dalla società in cui vivono.

Durante il trattamento dei primi pazienti ossessivi in cui si presentava la tematica omosessuale, la questione che mi sono posto è stata la seguente: "non sanno di essere omosessuali, o, invece, sono solo spaventati e terrorizzati dalla possibilità di scoprire in sé questa tendenza?"

Bisogna considerare che la maggior parte di questi pazienti aveva una vita sessuale soddisfacente con persone del sesso opposto, ma nonostante ciò c'era qualcosa che richiamava la mia attenzione: tutti erano estremamente moralisti. Per esempio, il tema dell'infedeltà lo vivevano come qualcosa di molto grave. Quest'aspetto li differenziava da un altro settore di eterosessuali che accettavano in modo molto più rilassato la possibilità di avere relazioni sessuali con altre persone, fuori dalla relazione di coppia, vedendo la situazione in modo più ludico e flessibile. Che cosa stava succedendo?

Apriamo un piccolo inciso: torniamo all'idea del carcere e del secondino. Immaginiamo di avere le pulsioni primarie terribilmente represse, a causa di un collasso dovuto alle ragioni precedentemente analizzate, come circostanze ambientali stressanti o un vissuto traumatico nella fase infantile o adolescenziale. Quando parliamo di pulsioni primarie, ci riferiamo anche a quelle sessuali. Di conseguenza, in quelle situazioni anche la sessualità è repressa e a livello inconscio resta un forte desiderio di liberazione.

Ed è proprio l'inconscio, area biochimica del nostro cervello, che inizia a mandare messaggi tormentatori: "può darsi che io sia gay", "quell'uomo mi è piaciuto?", "mi piacerebbe fare una fellatio a un altro uomo?", eccetera.

Perché appaiono questi messaggi? La risposta sta nel fatto che c'è una parte nella persona ossessiva che si sta ribellando a tanta repressione, contro tanto pregiudizio e tanta paura della vita.

Di che parte stiamo parlando? Omosessualità repressa? NO! Vitalità, determinazione, istintività e libertà represse. In altre parole, hai smesso di vivere e ti limiti a pensare. Non vivi la vita, la pensi e il tuo inconscio non smetterà di disturbarti fino a quando non inizierai a vivere in modo onesto con te stesso o con te stessa.

Semplificando il concetto, immaginiamo il tipico maschio adolescente a cui piacciono le ragazze, ma è molto timido, inibito, formale e molto obbediente ai propri genitori. I suoi compagni di scuola iniziano a prenderlo in giro su questioni che riguardano la sua sessualità. In modo superficiale e ingiustificabile, i compagni gli stanno mettendo pressione, per spingerlo ad avere un approccio più deciso con le ragazze, lo forzano a liberarsi e mostrarsi più sicuro con il sesso opposto. Questo giovane ha due possibilità: bloccarsi sempre di più, isolandosi, oppure superare la sfida e mostrare una predisposizione coraggiosa, cercando di avvicinarsi in modo più sicuro alle ragazze. La situazione appena descritta rispecchia ciò che accade con il pensiero ossessivo di tipo omosessuale. Non è altro che un attacco del proprio inconscio, per fare in modo che la persona che ne soffre liberi la propria eterosessualità, la propria mascolinità, o femminilità, senza complessi, e si converta in una persona più decisa, più libera, più audace e con meno pregiudizi.

Perché gli omosessuali non hanno mai pensieri ossessivi sull'omosessualità e gli eterosessuali sì? Come ho già affermato, non ho mai avuto in cura un omosessuale con ossessioni omosessuali; mentre, al contrario, non ho mai trattato nessun eterosessuale con ossessioni di tipo omosessuale e che poi si sia scoperto davvero omosessuale. So già che tutte le persone che hanno questo problema pensano di essere l'eccezione. NO! Non ci sono eccezioni.

Perché gli omosessuali non hanno paure ossessive omosessuali? Per una questione estremamente logica: perché non ci può essere conflitto tra la tendenza naturale delle proprie pulsioni e il contenuto del pensiero. Sarebbe un assurdo. Ci metteremmo forse in conflitto perché ci piacciono le mele e ne abbiamo una a portata di mano? No.

A proposito, un chiarimento: sia l'omosessualità sia la bisessualità sono tendenze sessuali normali, senza alcuna componente patologica, ed esistono da sempre, in tutte le culture ed epoche storiche. Una cosa diversa sono le società repressive, che condizionano le persone a vivere la propria sessualità in segreto. Ciò che reputo patologico è, semmai, l'eccesso di promiscuità e compulsione sessuale con cui si vive al giorno d'oggi. Ma questa è un'altra faccenda.

b. Fare male a qualcuno

Potremmo affermare che si tratta del secondo tema più ricorrente quanto ai contenuti dei disturbi ossessivi. Le persone che temono di poter fare male fisicamente a qualcuno sono quelle che pensano che potrebbero perdere il controllo, prendere un coltello e aggredire una persona o investirla, picchiarla, incendiare la sua casa, spingerla sui binari della metropolitana e così via. Realmente ciò che questa paura sta segnalando è, ancora una volta, una pulsione repressa. In questo caso ci stiamo chiaramente riferendo all'aggressività.

La continua repressione dell'aggressività, causata da un particolare ambiente familiare o scolastico, genera un blocco "ansiogeno" che finisce col trasformarsi in pensiero. Abbiamo già parlato delle famiglie rigide e autoritarie, o del bullismo e dell'incapacità, in alcuni bambini, di reagire. Quindi, ogni volta che in un paziente appare la paura di fare fisicamente male a qualcuno, vuol dire che abbiamo davanti una persona che reprime la propria aggressività.

Non è detto che l'aggressività accumulata sia molto intensa può anche succedere che questa persona non abbia la minima capacità di esprimerla. Facciamo un esempio: un adolescente dice a un altro "tu sei scemo o cosa?" e l'altro, invece di reagire rispondendo "lo scemo sarai tu!", s'inibisce, innescando una sensazione di odio interno, dovuto al sentimento d'impotenza per non aver saputo rispondere al ragazzo che ha dato avvio alla provocazione. Se questa situazione si verifica ripetutamente, la persona potrebbe aver bloccato completamente non solo l'espressione della propria aggressività, ma anche il suo potere assertivo, di poter dire chiaramente ciò che pensa o rispondere alle provocazioni verbali. A causa di quest'accumulo repressivo, giustamente, arriva un momento nel quale si attivano fantasie aggressive che appaiono con molto impeto nell'immaginario ossessivo.

c. Paura di essere pedofilo

Un'altra delle grandi idee ossessive, e che torturano di più chi ne soffre, è la paura di desiderare o di eccitarsi sessualmente con i bambini, in particolare con i propri figli. Questa paura può essere paralizzante, inducendo la persona a evitare qualsiasi contatto con i propri figli, o addirittura a non volerli vedere nudi sin da molto piccoli. Quando un padre o una madre lo confessano al terapeuta, hanno una paura terribile che egli possa giudicarli in modo erroneo, considerandoli dei pervertiti sessuali.

La paura di essere pedofilo è molto simile alla paura di essere omosessuale (però sottolineo che la pedofilia è una patologia, l'omosessualità no), ma il livello di angoscia è ancor più forte, fino ad arrivare a livelli intollerabili per chi ne soffre.

In questo caso, il grado di repressione è elevatissimo e il conflitto inconscio, in molte occasioni, può arrivare a essere molto profondo.

In alcuni dei miei pazienti con quest'ossessione, ho potuto constatare un elemento in comune che ha richiamato la mia attenzione e cioè il fatto di aver avuto una cattiva infanzia, di non aver potuto essere bambini a causa di un maltrattamento subito a livello fisico o psicologico, o di aver vissuto in condizioni di povertà materiale o affettiva. L'infanzia, in questo caso, è rimasta sospesa, e potrebbe essere che una parte inconscia e profonda di loro stessi si veda incapace di poter trasmettere ciò che essi non hanno ricevuto, cioè amore, pazienza e dedizione, così da apparire sotto forma di paura ossessiva: "vediamo se desideri sessualmente i tuoi figli", che tradotto significa "hai bisogno di ricevere l'amore che non hai ricevuto, le attenzioni che non hai avuto, la libertà che non ti è stata concessa, per poter amare senza strani conflitti i tuoi figli o i bambini in generale".

Ripeto qualcosa che ho già affermato nel paragrafo precedente: tutti i miei pazienti con questa paura ossessiva, che già sono stati molti, sono persone eccellenti, con un forte desiderio di superare quest'ossessione per poter amare tranquillamente i propri figli e i bambini in generale; e, una volta che hanno riconosciuto le proprie necessità personali e lavorato per soddisfarle, sono riusciti ad uscire da questo pensiero strano e tortuoso.

Aggiungerei anche che, in alcuni casi, donne, ma soprattutto uomini confinati in una vita "codarda", che sono stati iper-protetti durante l'infanzia e che seguono norme vitali eccessivamente standardizzate per provare ad adeguarsi ad un'idea "perfetta" di essere buon sposo, buon padre, buon figlio e buon lavoratore, possono arrivare a generare livelli di repressione così elevati da produrre dei dubbi su aspetti così istintivi come l'oggetto del desiderio sessuale. Ma si tratta di dubbi sorti dall'inibizione, non c'è nessun desiderio perverso, e nel momento nel quale queste persone sono in grado di liberarsi da questi norme predeterminate, iniziano a rendersi conto che non c'è nulla di cui preoccuparsi. Iniziano ad essere persone "abili" a livello socio-biologico e il terrore su una possibile pedofilia scompare.

d. Il "Che cosa penseranno?"

C'è una sottile linea che separa la nevrosi ossessiva rispetto al disturbo ossessivo che si manifesta attraverso un pensiero basato sull'idea di aver detto qualcosa d'inopportuno, o che abbia potuto offendere una persona, o di aver commesso un atto non del tutto corretto verso l'altro.

In generale, chi è afflitto da questo pensiero fa parte della categoria anteriore, quella della nevrosi ossessiva; anche se c'è chi lo porta all'estremo e non può smettere di pensare a ciò che ha detto o fatto, convertendolo in un pensiero reiterato, che va al di là del semplice conflitto. In questo caso ci troviamo di fronte a personalità insicure e immature che, nonostante siano adulte, continuano ad avere una relazione infantile con gli altri e nei confronti della società in generale.

Quest'atteggiamento infantile proviene spesso da un'educazione iperprotettiva e moralista, che crea bambini e bambine molto fragili ai quali non si è insegnato il bisogno di attivarsi per competere nella società in cui vivono, che non smette di essere una giungla solo apparentemente civilizzata. Hanno molte difficoltà ad avanzare, spesso restano fermi in posizioni secondarie, a causa del fatto che hanno bisogno di un autentico coro di approvazione che riaffermi ogni loro atto. Ogni volta che incontrano personalità schive o poco diplomatiche, si inibiscono e instaurano una relazione di conflitto con sé stessi.

Aggiungerei che anche il condizionamento sociale genera un livello di repressione elevato nei cittadini più vulnerabili. Ci sono due ideologie dispotiche distribuite in diverse zone geografiche del pianeta:

- In Europa la "tirannia" del politicamente corretto. La libertà d'espressione è seriamente minacciata da forze politiche che impediscono la libera opinione rispetto a varie questioni. Esercitano un'enorme pressione sui cittadini e sui mezzi di comunicazione, con lo scopo di plasmare il pensiero e l'espressione in determinati modi, non permettendo di mettere in discussione alcuna condotta individuale o collettiva con la minaccia di essere considerati scorretti. Questa tirannia esercita pressione sulla psiche dei cittadini fino a portarli al silenzio sociale e individuale, lasciando che il lassismo, il "buonismo" e il permissivismo più assoluti siano i valori predominanti in questo continente.

- In alcuni paesi dell'America Latina, invece, l'onnipresenza della più rigida morale cristiana raggiunge livelli di asfissia. L'idea del peccato minaccia tutti i tipi di comportamento libero che, invece di esprimersi in modo integrato e tranquillo, finiscono per essere vissuti in modo compulsivo. Il concetto di Dio si usa in tutto e per tutto con lo scopo di regolare le condotte, e con la conseguenza di creare angoscia in molte persone che non riescono a sentire la sensazione di libertà necessaria per vivere una vita etica e libera da inutili pregiudizi.

Bisogna essere coscienti di tutto ciò e provare a liberarsi internamente da manipolatori e tiranni di qualsiasi natura.

e. Il "Che cosa diranno?"

Questo è uno dei maggiori condizionamenti che può provare qualsiasi essere umano. In Occidente, soprattutto nella cultura cattolica, è molto diffusa la pratica di agire in funzione di un criterio morale condiviso dai nostri concittadini; infatti, nell'immaginario di molte persone all'interno di una stessa comunità, tutti hanno una visione unica, comune, su alcuni avvenimenti e, di norma, è una visione molto conservatrice. Man mano che si analizza questa tendenza, ci rendiamo conto che non è retta da alcuna logica, poiché ognuno di noi percepisce la realtà in modo diverso, a ognuno di noi piacciono diversi stili di vita e diversi stili di comportamento. Questo significa che, di fronte a qualsiasi azione compiuta da una persona, gli spettatori di questo momento ne avranno ciascuno una percezione diversa. Per esempio, se una persona cammina per strada vestita in modo molto bizzarro, il giudizio che produrrà sarà diverso in ognuno dei passanti: a qualcuno sembrerà simpatico, ad altri grottesco o ridicolo, ad altri ancora divertente o originale. La stessa cosa succede quando qualcuno agisce eccentricamente o se, ad esempio, due persone mostrano effusioni di amore appassionato in mezzo alla strada: a qualcuno sembrerà una situazione romantica e ad altri volgare. È, quindi, importante avere chiaro che, innanzi tutto, le persone possono avere visioni diverse della realtà, gusti diversi, sentimenti contrastanti e che non possiamo piacere a tutti. Per una questione di "biochimica", ci saranno persone che saranno molto critiche nei nostri confronti e altre che apprezzeranno o tollereranno ciò che facciamo. Quindi liberarsi dal "che cosa diranno" è uno dei primi fattori di libertà.

È forse uno dei contenuti ossessivi più diffusi, anche se in generale produce meno angoscia rispetto ad altri.

f. La colpa

Nei pazienti che soffrono di un disturbo ossessivo ho sempre notato che il tema della colpa è molto rilevante, nonostante non abbia alcun collegamento diretto con fatti concreti avvenuti nel passato. È come se questa colpa ignorasse la realtà, mantenendo invece connotazioni esistenziali; è una colpa immanente, che è riconducibile a determinate circostanze, senza però avere una connessione diretta con le stesse. Per esempio: una persona che perde uno dei propri cari durante l'infanzia o l'adolescenza, può creare una concatenazione di fatti che la porti a pensare che potrebbe essere responsabile di quella morte, anche se, in realtà, non ha niente a che vedere con essa. La causa di questa colpa potrebbe risalire a un sentimento di odio che questa persona ha provato verso il morto quando ancora era in vita. In tutte le persone che soffrono di un'ossessione di colpevolezza esiste un rigoroso codice morale sottostante.

Si può uscire dal sentimento di colpa solo acquisendo una visione più complessa dell'esistenza e attivando l'eros, vale a dire gli aspetti dionisiaci della nostra natura. Affronteremo questo tema nei capitoli successivi.

Un'altra delle cause che alimenta il senso di colpa potrebbe essere riconducibile a un'azione realmente commessa nel passato e di cui ci si è pentiti. Tranne che si tratti di un grave delitto, di cui sarebbe necessaria la confessione (e non mi riferisco ad aver rubato un pacchetto di caramelle quando si era piccoli), ci troveremmo di fronte all'ambito delle trasgressioni di maggiore o minore livello. Esse si producono inconsciamente o impulsivamente, oppure, a volte, per una mancanza di autocontrollo. Citando Carl Gustav Jung, psichiatra e analista svizzero, in questo caso dovremmo considerare il processo di civilizzazione come un continuo addomesticamento dell'«animale» che c'è in ogni essere umano. A volte questa parte animale, impulsiva, istintiva, aggressiva, sfrenata, emerge e fa compiere all'individuo delle azioni di cui potrebbe sentirsi colpevole, soprattutto con il passare degli anni e con maggiore consapevolezza. È perciò necessario capire che, come esseri umani, abbiamo anche una dimensione più impulsiva e, a meno di compiere azioni davvero gravi (omicidio, violenza ecc.), bisogna avere la capacità di capirsi e tollerarsi, cioè di perdonarsi.

Per alcune persone l'espiazione può essere un cammino di depurazione da questa colpa, attraverso un sacrificio compensatore. Per esempio, una persona che si senta in colpa per aver offeso il padre già morto o per non essere stata presente in alcune circostanze di bisogno, per compensare ciò potrebbe decidere di convertirsi in un buon professionista sul lavoro, facendo un grande sforzo per raggiungere l'eccellenza in onore del padre. Questo si potrebbe considerare come un processo di espiazione. Possiamo, quindi, dire che, quando la colpa resta nella psiche di un individuo per molto tempo, egli sviluppa il bisogno di trovare una via d'uscita filosofica, spirituale, pulsionale o compensatoria. In qualsivoglia dei casi citati, è meglio trovare il modo di attenuarla. A volte questo sentimento è vincolato a momenti dell'infanzia o dell'adolescenza, in cui abbiamo fatto qualcosa di sbagliato che nell'età adulta si è convertito in un contenuto ossessivo. Per esempio, è molto frequente che tra bambini e adolescenti, a volte dello stesso sesso, s'inneschino giochi erotici tipici di una fase di esplorazione e scoperta del proprio corpo e di quello altrui. La maggior parte delle persone che hanno sperimentato questo tipo di gioco nell'età infantile o adolescenziale, con fratelli o amici, nell'età adulta non attribuisce a esso alcuna importanza, se non quella di un'esperienza puramente aneddotica; mentre ci sono adulti che si ossessionano con fatti accaduti all'età di otto o nove anni, pensando di aver agito in modo perverso e maligno con un altro bambino o bambina della stessa età, e innescando così un processo ossessivo.

Qual è la causa del fatto che azioni compiute in passato, che per molte persone non hanno alcuna importanza, per altre siano motivo di ossessione? Come già abbiamo affermato, esiste evidentemente una predisposizione biologica che rende psicologicamente vulnerabili quelle persone, nelle quali la ragione ha un predominio eccessivo rispetto alle pulsioni elementari dell'essere umano; quindi, invece di percepire quell'evento come una dinamica naturale o comune a tutti gli esseri umani, lo si giudica attraverso il filtro della morale. In questo caso, s'innesca un errore cognitivo, che è necessario cercare di attenuare con i meccanismi di risoluzione menzionati precedentemente: nello specifico, essendo un atto generato durante l'infanzia, bisognerebbe stimolare l'attivazione delle pulsioni. Al fine di una maggiore chiarezza, sottolineo che né la predisposizione genetica, né la rigidità morale e nemmeno una determinata azione realizzata nel periodo infantile, spiegano la comparsa della sintomatologia ossessiva. Oltre a queste variabili, è necessario che esistano delle cause scatenanti di un elevato grado di ansia: stress cronico o un impatto traumatico nell'infanzia o nell'adolescenza.

g. Contare o ordinare oggetti o cose

Qui ci troviamo di fronte a un livello diverso di disturbo ossessivo. Il rituale di pensiero o di condotta ha sostituito il contenuto conflittuale; si è prodotto, quindi, un camuffamento della sintomatologia primaria più vicina al conflitto nevrotico – come potrebbe essere la questione di una possibile omosessualità o di una possibile aggressività–, passando a una compulsione mentale o di condotta.

La compulsione ci sta indicando un livello massimo di ansia compressa, che potrebbe portare a una paralisi energetica della persona che ne soffre. In questo caso i contenuti sono scomparsi e resta soltanto il sintomo compulsivo.

Quando i rituali mentali (sommare, contare, ricordare…) o di condotta (mettere in ordine, pulire, eccetera) sostituiscono i contenuti ossessivi, allora ci troviamo davanti a un grado di ansia più elevato e a un blocco nervoso in cui la persona resta completamente intrappolata: in questo caso è ancora più urgente far qualcosa per restituire una vita a queste persone.

5. E' importante il contenuto dei pensieri ossessivi?

53

Sì, ma non letteralmente. Il contenuto dei pensieri ossessivi è l'arma che l'inconscio utilizza per obbligare l'individuo che ne soffre a liberarsi dalla tirannia del controllo esercitato dal pensiero cosciente. Quindi, la natura dei contenuti avrà sempre a che vedere con i fattori bloccati, però non nella stessa proporzione e direzione che indicano le ossessioni. Con ciò vogliamo dire che le idee omosessuali ci staranno indicando la repressione di un'attitudine vitale più "mascolina", ma non da un punto di vista sessuale, bensì da quello dell'audacia. Mentre l'idea di poter fare del male a qualcuno ci starà indicando una repressione dell'aggressività. Questa concatenazione di causa-effetto si potrebbe applicare ad altre situazioni. Bisogna, quindi, considerare il contenuto, ma bisogna anche saper decifrare il significato di ogni caso, senza cadere in semplici generalizzazioni.

6. Cosa deve fare una persona che soffre di un disturbo ossessivo?

In primo luogo, si devono tenere in considerazione due fattori fondamentali: il primo, già menzionato, è che la genetica predispone ma non condanna; il secondo è che la psiche umana è sufficientemente flessibile da potersi curare anche in casi molto gravi. La psichiatria organicista ritiene questo disturbo cronico e che l'unica via d'uscita per la persona che ne soffre sia cercare di conviverci nel migliore dei modi, imparando linee guida e tecniche di controllo e prendendo i farmaci necessari. È vero che il protocollo medico che consiglia la combinazione di ansiolitici e antidepressivi specifici con la terapia comportamentale, a livello statistico, ha apportato i migliori risultati, diminuendo la sintomatologia in una parte dei pazienti. Tuttavia, in un'altra parte di loro non si è ottenuto alcun miglioramento. Il metodo che io propongo, invece, parte da un altro presupposto, basato fondamentalmente sull'attivazione e focalizzazione delle pulsioni, oltre a un lavoro personalizzato sui fattori che hanno generato l'ansia e il modo adeguato di ridurla in ogni caso specifico.

Per iniziare, alcune idee:

In questo paragrafo darò alcuni semplici consigli che non servono per curarsi, ma che sono utili per far vedere la luce ad alcune persone che da molto tempo vivono nelle tenebre,

"

oscurate da questo disturbo, e soprattutto sono consigli utili per iniziare ad alleviare l'ansia..

a. Lo sport

Praticate uno sport a livello competitivo. Differenziamo due tipi di esercizio fisico: lo sport o esercizio fisico che non richiede un'eccesiva espressione di pulsioni o istinti, come per esempio frequentare una palestra, nuotare, fare ciclismo, o correre da soli; e lo sport di competizione, in cui l'individuo è in "lotta" con altri e contro altri. Questo tipo di sport aiuta a manifestare e sbloccare l'ansia e i contenuti repressi. Alcuni esempi sono il calcio, il rugby, la pallanuoto, le arti marziali e specialmente la boxe. In tutti questi contesti di competizione, la persona non ha il tempo di pensare ai propri contenuti reiterativi. Nei primi sport che abbiamo menzionato, invece, lo potrebbe fare.

Quindi, le migliori tipologie di sport per una persona che soffre di DOC sono quelle nelle quali non è possibile pensare, perché è necessario reagire istintivamente, e che attivano un certo livello di aggressività.

Raccomando in particolare quattro tipi di sport:

- Boxe e kickboxing: senza alcun dubbio sono i migliori per raggiungere il nostro scopo. Perché? Perché ti obbligano a confrontarti con le tue paure, con la tua inibizione, e — specie se c'è un maestro che sa guidarti e allenarti — ti obbligano anche a combattere: arriverà un momento in cui dovrai "uscire verso l'esterno" e, oltre a difenderti e proteggerti, dovrai anche lottare. Ciò implica necessariamente un cambiamento psichico.

- Rugby: è uno sport che richiede un certo grado di "animalità". I francesi dicono che 'è uno sport di bruti giocato da gentiluomini'. Se non vuoi sembrare un estraneo in mezzo a un campo di gioco, è necessario far uscire questa "animalità", introducendo quindi anche in questo caso una trasformazione.

- Paddle: è uno sport di competizione in un campo chiuso, che richiede movimenti rapidi e riflessi pronti, quindi necessariamente devi uscire da te stesso.

- Equitazione: c'è bisogno di entrare in connessione con il cavallo per evitare che s'innervosisca; si sviluppano equilibrio, sicurezza, forza interna e dominio di se stessi e dell'animale. Tutto ciò attiverà la psiche in una direzione più "selvaggia" e audace.

- Scalata: ad un buon livello di audacia, dipendendo dalla difficoltà, bisogna aggiungere attenzione e focalizzazione dei movimenti. Tutto ciò attiva la determinazione ed il coraggio.

È molto difficile che, mentre pratichi uno di questi sport, tu possa pensare; invece, puoi continuare a farlo mentre nuoti, corri o vai in bicicletta. È chiara la logica del perché alcuni sport vanno bene mentre altri no?

Tutti questi sport, vanno praticati, almeno inizialmente, con la supervisione di un esperto specializzato.

b. Esprimere ciò che pensi e senti

È molto frequente trovare persone che soffrono di questo disturbo con molte difficoltà ad esprimere le proprie emozioni e i propri sentimenti. A volte per paura, altre volte perché non sono abituate a farlo a causa dell'educazione ricevuta, o perché hanno timore di essere prese in giro o di essere rimproverate.

Esiste un concetto di base, già menzionato, che è l'assertività. In poche parole, essa consiste nel dire ciò che una persona pensa, senza offendere l'altro. Per esempio, se io dico a qualcuno che ha fatto un commento inadeguato, che ciò che ha detto mi ha ferito e preferirei che non lo ripetesse, sono assertivo. Se non esprimo il mio disaccordo, sono un codardo. Mentre, se gli dico che è un idiota e che non mi parli mai più in quel modo, allora sono offensivo nei suoi confronti. Quindi, l'assertività è la via di mezzo che ci permette di ottenere tranquillamente il rispetto degli altri e definisce la nostra personalità che, per fortuna, non sarà mai perfetta e non potrà piacere a tutti.

C'è una cosa che dobbiamo avere molto chiara: anche se ci sforzassimo molto, non potremmo mai piacere a tutti. Ci sarà sempre qualcuno che simpatizzerà con noi e che perdonerà e tollererà anche gli errori più gravi che commettiamo; e altri che, quasi da subito, non simpatizzeranno con noi e, basandosi su qualunque sciocchezza, evidenzieranno la poca chimica che trasmettiamo loro. In fondo, man mano che cresciamo dobbiamo assumere determinati criteri vitali, un carattere nostro, un temperamento fermo, e dobbiamo essere coscienti del fatto che nasconderli, adattandoci camaleonticamente alle situazioni che ci si presentano, potrebbe essere considerato un atto di poco valore, ma anche un atto di orgoglio personale. La pretesa esagerata di compiacere tutti non smette di essere un atteggiamento di egomania. In fin dei conti, non siamo altro che un pezzo dell'ingranaggio che configura la società e l'ecosistema. Pertanto, si tratta di essere semplicemente noi stessi.

c. Discutere

Non devi avere paura di discutere, anche se ciò provoca ira o sorpresa nelle persone che sono abituate a vederti sottomesso o sottomessa. Di fronte a un'aggressione verbale, a un'umiliazione, a un disprezzo, a un rimprovero ingiusto, la persona con disturbo ossessivo ha la tendenza a zittirsi, a inibirsi. È necessario che tu esca da questa posizione in qualsiasi modo — tranne quando temi che si inneschi un atto di violenza fisica nei tuoi confronti, a causa di una palese aggressività dell'interlocutore. In caso contrario, non devi aver paura di esprimerti con la massima decisione. E se fosse il caso di andarsene di casa fino al momento in cui l'altra persona si sarà tranquillizzata, o di gridare o piangere, allora devi farlo.

Molte volte evitare il conflitto provoca una grave repressione, che in alcuni casi dura molti anni e che porta la persona a uno stato di prostrazione psichica ed energetica legata all'ossessione.

d. Non accettare ordini ingiustificati

Ci sono persone che vivono sotto il potere dell'autorità e dei capricci altrui — di capi o impiegati despoti, padri autoritari, compagni o compagne crudeli, o in qualsiasi altra situazione immaginabile. È imprescindibile saper dire di no benché richieda uno sforzo, in quanto questo "NO" probabilmente scatenerà una liberazione di istinti repressi.

Non aver paura delle conseguenze, non si tratta si adottare una posizione aggressiva e nemmeno di provocare discussioni o conflitti. Si tratta di saper dire "NO" in modo deciso ed energico, succeda quel che succeda: esci dalla paura. La paura è il maggior alleato del disturbo ossessivo. Se sei un codardo, sarà molto più difficile superarlo.

e. Erotismo e piacere

Le persone ossessive spesso hanno problemi con il piacere e trasformano la sessualità in un meccanismo di scarico, seguendo rituali tradizionali e compulsivi, riducendo l'erotismo e il piacere a un'espressione minima. Sarebbe positivo scoprire l'erotismo attraverso il corpo e la ricerca di esperienze sensuali, che portino al godimento di un piacere intenso e poco "genitale" e in cui il fine ultimo non sia solo l'orgasmo ma l'esperienza sensoriale fine a se stessa.

È necessario essere molto liberi mentalmente per godere di queste esperienze, senza cadere nella compulsione. Nonostante una personalità ossessiva possa realizzare l'atto di penetrazione o di essere penetrata con molta frequenza, in molti casi è possibile che esista poca integrazione dell'esperienza erotica. Il corpo deve essere svegliato poco a poco, centimetro per centimetro, fino ad arrivare a liberarlo dalla tirannia del controllo esercitato dal pensiero conscio.

f. Rompere con la rigidità morale

È necessario che le nostre vite siano sorrette da pilastri etici e morali sufficientemente forti, per non cadere né nella compulsione, né nella dipendenza e nemmeno nell'affievolimento sensoriale. Detto questo, una morale molto rigida nasconde sempre elementi cupi, specialmente la paura e l'ira, o a volte qualche tipo di perversione o rabbia contenuta.

Non mi hanno mai trasmesso fiducia le persone eccessivamente moraliste, tranne quelle che hanno sviluppato una spiritualità autentica, basata sulla Fede e sull'Amore. Però queste ultime sono in minoranza.

La maggior parte dei rigidi moralisti sono autentici repressi, che indossano una maschera con sé stessi per la paura di rivelarsi o ribellarsi davanti alla propria coscienza. Molte volte sono anche timorosi, gelosi, in definitiva insicuri. Tutto ciò li porta a essere castigatori delle pulsioni sensoriali altrui; provano frustrazione quando vedono che altre persone, meno vili, godono della vita, e sentono una profonda rabbia verso coloro che vivono con spontaneità e in modo vivace.

C'è un film americano che ci serve come esempio per spiegare ciò che stiamo descrivendo: "American Beauty" (Sam Mendes, 1999). Vi consiglio di guardarlo e scoprirete come le apparenze ingannano.

Ricorda che la rigidità morale è innaturale, in quanto ignora le autentiche necessità umane.

g. Gridare

Ad alcuni dei miei pazienti consiglio di andare in montagna e gridare. Il grido, così come il pianto, ha una forza liberatoria magnifica, sempre e quando non sia un atto teatrale bensì sinceramente sentito, che venga dalle nostre viscere e che sia legato al desiderio di liberazione da una situazione, da una persona o da un pensiero fastidioso. Gridare fino a scuotere l'anima, fino a svuotare la tensione accumulata. Gridare soprattutto senza paura, come se lanciassimo un suono potente all'universo, per sentirci vivi, presenti e disposti a partecipare attivamente alla vita.

Bisogna gridare usando la pancia, non la gola perché si rischia di restare afoni. Devi raccogliere aria con l'addome e che il grido esca da lì, attraverso la gola.

Grida senza paura che ti possano sentire, senza temere di sembrare ridicolo/a, senza pensare a cosa direbbero gli altri se…

Grida liberandoti, emettendo un suono animale, riaffermandoti e posizionandoti nel mondo con forza.

7. Come deve comportarsi la famiglia di una persona che soffre di un disturbo ossessivo?

Molte delle e-mail che ricevo vengono da giovani che da tempo soffrono di un disturbo ossessivo, alcuni addirittura da molti anni, e che ancora non hanno avuto il coraggio di spiegarlo alle proprie famiglie perché pensano che queste non capirebbero. Difatti, in molti casi è ciò che succede: chi soffre di questo disturbo non trova comprensione o non riesce a comunicare chiaramente cosa gli stia succedendo.

Nel mio lavoro mi sono trovato spesso davanti a genitori che dànno consigli banali ai propri figli in mia presenza, ad esempio: "quello di cui hai bisogno è un po' di distrazione" (se distrarsi fosse davvero terapeutico, come credono alcune persone, non sarebbe necessario uno specialista in tema di salute psicologica; il consiglio di "distrarsi" è uno dei più raccomandati dai familiari di qualsiasi persona con una problematica psicologica grave, inclusa questa); oppure "quello che devi fare è mettere la testa a posto, smettere di pensare a stupidaggini".

La maggior parte dei familiari non sa che il disturbo ossessivo è una problematica che provoca una delle maggiori sofferenze all'individuo, poiché le idee reiterate, i conflitti mentali che non trovano risoluzione, le paure o i rituali compulsivi non lasciano quasi spazio "alla vita". È una trappola che raggiunge dimensioni tali da portare il malato alla prostrazione o addirittura a pensare al suicidio. E ovviamente è anche molto doloroso, per chi ne soffre, doverlo spiegare.

Immaginiamo la paura di essere omosessuale o pedofilo. A chi mai si potrebbe raccontare? In alcuni casi, persone che si sono esposte cercando di spiegare la paura di essere omosessuali — la paura di essere pedofilo non viene mai spiegata a nessuno — hanno trovato una certa comprensione nei genitori: "Non preoccuparti, anche se sei gay, noi ti vogliamo bene lo stesso".

Ma il fatto è che non è gay, è solo represso a livello vitale e ha sviluppato questa paura!

Faccio un inciso. Quando un paziente mi spiega che è attratto dalle persone dello stesso sesso – e non si tratta di un DOC ma di una realtà, e non vive quindi un dubbio ansiogeno ma realmente sa che è così – lavoro affinché possa integrare la sessualità pienamente, sia a livello sessuale che affettivo, e affinché si accetti, possa vivere con tutta la dignità di cui ha bisogno, e possa diventare una persona omosessuale pienamente integrata con sé stessa e con la vita.

La famiglia, quindi, deve essere molto cosciente del fatto che è necessario cercare un supporto terapeutico, per permettere a chi soffre di iniziare un processo di recupero.

Se la famiglia, o anche un suo solo membro, è in grado di empatizzare con il paziente, può rappresentare per lui o lei un appoggio morale e affettivo e offrire un aiuto, fino al momento in cui si troverà una terapia sufficientemente valida.

Siate consapevoli — nel caso in cui tu, lettore, sia un familiare di una persona con un disturbo ossessivo —, del fatto che i vostri cari soffrono moltissimo. Come ho già detto, mi arriva un'infinità di e-mail di giovani e adulti da tutto il mondo, che mi spiegano di avere queste paure. La maggior parte di loro non ha mai parlato con nessun altro del proprio problema; e, solo per il fatto di sentirsi capiti, già provano un certo sollievo (per questo, infatti, cerco di rispondere a tutte le e-mail).

a. La famiglia deve essere uno spazio di affetto e liberatorio

Fino al momento in cui i divorzi "express" e l'abbandono da parte dei genitori non hanno iniziato ad affliggere la maggior parte delle famiglie occidentali, a causa di un edonismo frainteso, di un individualismo atroce, di uno stile pedagogico negligente da parte della scuola e dei principi del femminismo radicale, che arriva in certi casi a negare differenze biologiche tra uomini e donne, la famiglia era un nucleo che impostava la personalità di un individuo, così come uno spazio affettivo e di definizione dei limiti, dove i bambini crescevano in un ambiente stabile fino a raggiungere l'età per emanciparsi. Nella maggior parte dei casi, in passato, i ruoli erano chiaramente stabiliti: la madre era la principale fonte di affetto e di cura, mentre il padre definiva le regole e insegnava ai figli a perdere la paura di vivere. Le mode introdotte negli ultimi decenni hanno indebolito la famiglia e hanno lasciato molti individui — la maggior parte — senza una struttura solida cui appoggiarsi. Il ruolo del padre non lo esercita quasi più nessuno, né il padre né la madre, e i bambini di solito sono educati da adulti con mentalità adolescente. Potrebbe sembrare una spiegazione criticabile, però la mancanza di stabilità familiare, inclusa la carenza d'affetto o messaggi contradditori, possono generare una certa vulnerabilità psichica che in condizioni di stress può portare la persona a sviluppare una patologia psicologica.

b. Una famiglia strutturata e funzionale deve essere definita da cinque elementi fondamentali:

- Amore: questa è una funzione materna e deve essere presente all'interno della famiglia.

- Limiti: questa funzione è paternale ed è importante che si applichino.

- Autostima, responsabilità e libertà: i bambini e le bambine devono crescere con una forte sicurezza e autostima (che non è né narcisismo né superbia) e, allo stesso tempo, devono sentirsi responsabili delle proprie azioni e liberi di prendere le proprie decisioni nel futuro.

- Autonomia individuale di ognuno dei genitori. C'è qualcuno che può ancora credere che in pieno secolo XXI una coppia possa restare unita tutta la vita senza un certo grado di autonomia personale e privata di ognuno dei genitori? O iniziamo ad usare la ragione per gestire le necessità individuali delle persone che formano una coppia o un matrimonio, o queste arriveranno al collasso con il conseguente rischio di rottura.

- Indipendenza dei genitori con rispetto ai figli. Se i genitori, a partire da una certa età dei figli, rinunciano alla loro vita per diventare semplici schiavi di questi ultimi, esiste la possibilità che non dedicando attenzione alle proprie esigenze entrino in uno stato di insoddisfazione e rassegnazione, con conseguenze negative facilmente prevedibili.

8. Una vita equilibrata: la passione di vivere

Nella nostra società la maggior parte delle persone sono attivate da due tipi di interazioni con la realtà: la quotidianità e le distrazioni. Molti individui vivono immersi in processi routinari che evidentemente aiutano alla stabilità mentale, per esempio: i giorni lavorativi, gli orari di sonno e veglia, i pasti… e, fuori da questo schema, i più cercano di distrarsi. In che modo? In generale, in un modo molto passivo: davanti alla televisione o allo schermo di un computer, con videogiochi, ascoltando musica, mangiando. Quindi la domanda è: dov'è la passione? Quando attiviamo la passione, svegliamo gli aspetti più primitivi del nostro essere, in quanto essa ci indica che un oggetto esterno o interno ha generato un livello di motivazione così alto, che la nostra biochimica "si allinea" con l'intenzione di raggiungere questo oggetto. Per esempio, una persona che ci piace, una carriera che vogliamo sviluppare, un hobby emotivamente rilevante, un tema su cui vogliamo indagare, un viaggio che vogliamo intraprendere… Quando l'oggetto o gli oggetti vitali generano passione, in tutto l'organismo si crea uno stato di agitazione positiva, che ci toglie da quell'inerzia vitale basata sul meccanismo routine-distrazioni. La maggior parte delle persone con disturbo ossessivo manca di passione, e non ci riferiamo alla passione per una squadra di calcio o di pallacanestro — in quanto sarebbe un'attitudine passiva —, bensì a un soggetto attivo che partecipi al processo competitivo della squadra (giocatori, allenatore, fisioterapista, presidente…).

Non si può considerare come appassionata un'attitudine passiva, perché essa non implica l'attivazione dei nostri meccanismi interattivi e comportamentali, nel processo di raggiungimento dell'obiettivo.

Potremmo affermare che senza passione non c'è vita; e sottolineo senza passione attiva, o lotta per raggiungere gli obiettivi, attraverso la quale impariamo a canalizzare la nostra energia per ottenere ciò che ci siamo proposti. Porto sempre ai miei pazienti due esempi: Picasso e Einstein.

Picasso dedicò tutta la sua vita a dipingere in modo compulsivo. Una curiosità: il famoso quadro "Les Demoiselles d'Avignon" lo rifece millecinquecento volte. La sua vita si basava sulla pittura, sul gioco amoroso e sessuale e sulle relazioni sociali; qualcuno dei nostri lettori s'immagina Picasso seduto in un ufficio? O brucia l'ufficio, oppure sviluppa un disturbo ossessivo. Tutta questa energia riuscì a canalizzarla attraverso la pittura e, in modo caotico e despota, anche nella relazione che aveva con le donne — come i suoi biografi indicano.

Einstein, invece, dedicava tanto tempo alla ricerca, che sua moglie, per poter comunicare con lui, doveva chiedergli il permesso attraverso dei messaggi scritti che lasciava di fianco alla sua scrivania e che lui leggeva quando lo riteneva opportuno.

Picasso e Einstein erano due potenziali ossessivi, o erano semplicemente appassionati delle rispettive professioni? Che ne sarebbe stato di tutta questa energia psichica e fisica, se non avesse potuto essere vincolata all'oggetto che li appassionava? Nella maggior parte delle persone che soffrono di un tipo di ossessione, ci troviamo a che fare con energia che, non potendo essere vincolata al mondo esterno, si è trasformata in ansia (restando in circolo, in cerca di un'uscita che non ha trovato). E l'ansia è ciò che sta alla base della sintomatologia ossessiva.

Vorrei chiarire un punto. Quando spiego a molti dei miei pazienti il tema dell'energia collassata, essi mi dicono che fanno sport, che escono a correre, che vanno a nuotare o vanno in palestra, e io sono solito spiegare loro che, se l'attività fisica non ha un vincolo emozionale, non serve a ridurre il disturbo ossessivo.

In parole povere, le uniche attività fisiche che aiutano in questo caso sono quelle che includono un alto livello competitivo, e sono utili solo se la persona è chiaramente disposta a vincere, anche se poi perde (ciò che importa non è vincere o perdere, ma essere disposti a tutto per conseguire la vittoria); oppure se c'è una connessione con qualche emozione intensa, come quando qualcuno si lascia trascinare dalla musica e balla liberamente, raggiungendo uno stato di estasi e disconnessione con la realtà circostante. Esiste quindi un vincolo tra psiche e corpo, e in questo modo possiamo lavorare sulla passione. Come facciamo a sapere quando qualcosa ci appassiona? La perdita della nozione del tempo è per me uno degli elementi che ce lo dimostra: quando qualcosa ci piace molto, ci motiva, ci eccita, allora perdiamo la nozione del tempo.

Pertanto, uno dei segreti per avere una vita equilibrata è che in essa si integrino elementi di passione "attiva". Dove sarebbe altrimenti la componente umana che ci differenzia dagli altri animali? Come disse il filosofo inglese Stuart Mill nel suo saggio "Sulla libertà", una persona che utilizza solo l'imitazione per guidare la sua vita, non ha bisogno di più intelletto delle scimmie.

9. La tradizione come radice ma non come futuro

Tutti gli esseri umani hanno bisogno di sentire che appartengono a una famiglia, a una comunità, a una cultura, a una civiltà. Quest'appartenenza li aiuta a creare una struttura psichica forte necessaria per il proprio sviluppo personale. Senza senso di appartenenza c'è molta fragilità nello sviluppo, e prende forma, così, un individuo psichicamente ed emozionalmente vulnerabile. Intendiamo per tradizione tutte quelle abitudini, usi e costumi, simboli e modi di comunicare, che fanno parte di una determinata cultura.

Il problema nasce quando la tradizione si trasforma in un carcere, per colpa di una situazione politica dittatoriale, o di fanatismi che obbligano gli individui a vivere sottoposti ad alti livelli di repressione personale, provocando molte volte il collasso sociale e la decadenza economica, oltre alla sofferenza della popolazione. Oppure quando l'individuo appartiene, sì, a una società libera, come le democrazie occidentali o di stile occidentale (attualmente non esistono altri modelli di 'società libera'), e tuttavia, per determinate circostanze personali — ad esempio a causa di una famiglia molto conservatrice —, la tradizione si converte ugualmente in prigione.

La tradizione deve essere, perciò, il punto di partenza, ma l'essere umano deve imparare a innovare, a sperimentare, a trasgredire, se necessario. Ciò sarà imprescindibile per qualsiasi persona con disturbo ossessivo: se non sarà capace di liberarsi dalle catene di una tradizione tanto rigida da impedire il manifestarsi dell'autentica espressione vitale, allora non potrà uscire dal circolo vizioso ossessivo. Il che significa che, a un certo punto, dovrà rivelare il proprio "aspetto eroico"; a cui, tuttavia, la maggior parte dei pazienti oppone resistenza.

10. Sperimentare, trasgredire...

Che cosa significa 'trasgredire'? Nel contesto che stiamo analizzando, vuol dire essere capaci di uscire dagli schemi prefissati, generalmente basati su tre elementi: la paura del "cosa diranno se...", la colpa e la morale sessuale.

Una volta mi capitò di leggere su un quotidiano della mia città, Barcellona, uno studio realizzato da un'università inglese, che affermava che le personalità eccentriche vivono più a lungo, godono di una salute migliore e di maggiore ricchezza economica. Gli eccentrici non sono necessariamente estroversi o istrionici, non sempre hanno bisogno di stare al centro dell'attenzione. Semplicemente, sono persone che fanno ciò che credono sia conveniente per se stesse, senza infastidire né offendere nessuno e noncuranti dell'opinione che gli altri possano avere di loro.

L'eccentricità positiva, quella che non è autodistruttiva e che non danneggia il prossimo, di solito genera uno stile di vita molto soddisfacente, poiché si prendono decisioni in funzione dell'intelligenza e del desiderio e si riduce, in questo modo, la dipendenza dal giudizio altrui.

11. La morale sessuale

Gli esseri umani si comportano sessualmente in funzione della morale predominante dell'epoca e della società nelle quali vivono. Da un punto di vista puramente biologico, nella sessualità umana di base, l'attrazione verso il sesso opposto e il desiderio del coito, in entrambi i generi, rappresenta la "normalità". Nel momento in cui appare la civiltà, però, essa si fa sempre più complessa e sperimentale, fino ad arrivare a un punto in cui si apre a molteplici possibilità e si rendono realizzabili tutte le potenziali interazioni tra esseri umani adulti, secondo la flessibilità e indulgenza delle leggi e della morale dell'epoca.

Infatti, in tempi di prosperità economica e sociale, la sessualità si amplia e gli individui sperimentano diversi modi d'interazione. In periodi di austerità e sobrietà, che comportano generalmente un mutamento delle leggi verso una direzione più severa, essa assume, al contrario, caratteri convenzionali. Non possiamo, quindi, attribuire la responsabilità del modo di vivere la propria sessualità esclusivamente al singolo individuo, bensì dobbiamo pensarlo inserito in un contesto socio-politico-economico (e, in generale, ambientale).

Ciò significa, ad esempio, che bisogna liberare dal senso di colpa le persone che sentono impulsi sessuali al di fuori della relazione di coppia. Dietro al comportamento individuale esiste una realtà biologica globale, e tutto ciò si riassume nella seguente equazione: una maggiore prosperità economica della popolazione porta a una maggiore libertà sessuale, e viceversa.

È quindi molto importante essere coscienti del fatto che una persona non possa essere considerata l'unica responsabile di ciò che sente, in quanto forma parte di un contesto più ampio, che ne influenza gli impulsi. È ridicolo che, in pieno XXI secolo, l'individuo continui a percepirsi come un tutto e non come parte di diversi contesti: parte di una famiglia, di una città, di una nazione, di una cultura, di una civiltà, parte di un momento geo-biologico e parte di un momento cosmologico.

La libertà personale consiste nella gestione adeguata della propria vita. Noi non possiamo evitare di sentire o meno certi impulsi: possiamo semplicemente imparare a gestirli. Sia la nostra genetica sia le circostanze socio-politiche ci condizionano, perciò dobbiamo agire con un sufficiente livello di tolleranza e amore verso noi stessi, per far sì che riusciamo a esprimere, nel miglior modo possibile e senza grandi conflitti, ciò che siamo. Non bisogna mai torturarsi per ciò che si prova o si pensa a livello sessuale, qualsiasi cosa essa sia, bisogna solo imparare a gestirlo in modo etico e adeguato alla società in cui viviamo.

12. La routine e la paura: due elementi che portano al collasso

Di solito, la gente vive la propria esistenza intrappolata dentro una routine consumistica, che scandisce la vita sotto forma di una costante distrazione compulsiva. Le interminabili giornate di lavoro, l'intrattenimento evasivo dato dalla televisione, l'uso eccessivo dei mezzi tecnologici, la paura e la mancanza di audacia, sono fattori altamente condizionanti.

Esattamente come recita il luogo comune, "la maggior parte delle persone si aspetta che le circostanze cambino, senza però voler cambiar nulla nel proprio stile di vita" Questa visione assurda della realtà consiste nel cercare di ottenere un cambiamento, senza però nemmeno provare correggere una strategia che si è già dimostrata fallimentare in numerosi casi.

Un mio amico, ex paracadutista, un giorno mi disse: "Se non hai paura a lanciarti con il paracadute, non stai compiendo un vero atto di coraggio". Il coraggio si dimostra esclusivamente attraverso quelle azioni o situazioni che ci provocano terrore. Per me, per esempio, volare con il paracadute sarebbe effettivamente un atto di coraggio, dato che ho una certa paura dell'altezza e sento paura fisica in relazione a certi "rischi". Viceversa, per me non sarebbe un problema parlare in pubblico davanti a duemila persone. Continuando con lo stesso esempio, per vincere la paura del "salto nel vuoto" io dovrei forzarmi a provare il paracadutismo; mentre per altre persone parlare con la ragazza o il ragazzo dei loro sogni, o sostenere un'audience, essere capaci di andare contro un desiderio familiare o andare a vivere in un altro paese, potrebbe essere vissuto con altrettanta paura e difficoltà. Questi sono solo alcuni degli esempi che descrivono situazioni dove la paura gioca un ruolo principale. La paura è ciò che la maggior parte dei pazienti ossessivi non osa affrontare, ed è la ragione per la quale essi hanno serie difficoltà a evadere da una routine prestabilita e limitante.

13. Pensiero rigido vs pensiero aperto

Dedicherò molta attenzione a questo tema, che reputo fondamentale.

Il pensiero rigido è caratterizzato da parametri estremamente limitati, che in termini colloquiali si possono definire "luoghi comuni". Nel mio lavoro ho avuto spesso a che fare con pazienti che provavano un forte dolore e stato di stress, soltanto perché avevano idee o sogni che si discostavano dal loro rigido codice morale, come provare desiderio verso persone che non fossero il proprio partner, fare sogni in cui agivano in maniera aggressiva, avere fantasie omosessuali, e via dicendo. Nei capitoli precedenti ho spiegato la differenza fra pensiero, comportamento e sogni. Una delle prime cose che un paziente sofferente di disturbo ossessivo deve fare, è lasciare liberi i pensieri e i sogni, indipendentemente dal loro contenuto. Attraverso la produzione onirica, cioè mentre sogniamo, i desideri o la loro repressione ci appaiono sotto forma di simboli o persone. Le persone che tendono a ragionare in maniera intransigente, credono che esista una sola maniera di essere, di pensare e di fare le cose; questo è ciò che è stato insegnato loro, poiché è basato sulla tradizione. Evidentemente, questo tipo di pensiero, se adottato in una società estremamente mutevole come la nostra, può condurre all'insuccesso economico e sociale e, se persistente, a una patologia. Lasciarsi guidare da norme troppo tradizionali, in un tempo come l'attuale di globalizzazione e predominio dei mezzi di comunicazione, significa non comprendere che, per adattarci al mondo contemporaneo, occorre grande apertura, un upgrade del proprio software.

Questo significa anche che, per esempio, un eccesso d'indipendenza emozionale, di vincolo, di fanatismo, sono indicatori di una bassa intelligenza bio-sociale e, pertanto, si corre il rischio di rimanere isolati dal rapido processo di trasformazione che la società odierna sta generando.

Il pensiero aperto non è da confondere con il concetto di "pensiero debole", creato dal saggista italiano Gianni Vattimo. Il pensiero debole fa riferimento al relativismo predominante al giorno d'oggi. Se, da una parte, il pensiero rigido ritiene che esista solo una verità, dall'altra, il relativismo stabilisce che tutto è opinabile: in questa maniera tutti i valori diventano "liquidi", mutevoli, funzionali al nostro interesse personale, in qualsiasi momento.

Il pensiero aperto, invece, nella sua espressione massima, potrebbe essere considerato psicopatico, dal momento che lascerebbe l'individuo in balìa dei propri capricci e delle proprie pulsioni più recondite, senza nessuna forma di moderazione morale o etica; cosa che potrebbe arrivare a essere tanto destabilizzante e asfissiante quanto il pensiero rigido.

Fondamentale è, quindi, trovare un equilibrio nel pensiero, ossia avere chiari i valori etici e morali e di condotta sociale; senza che, d'altra parte, quello che osserviamo o pensiamo ci scandalizzi: temperanza e fermezza interna e allo stesso tempo serenità, quando riceviamo stimoli che vengono dal mondo esterno o che sorgono dal nostro mondo interiore.

Nel caso del disturbo ossessivo è molto importante che la persona si concentri e lavori per sviluppare un pensiero aperto, staccandosi dall'inflessibilità e dal relativismo: bisogna possedere valori chiari ma una mentalità aperta.

Facciamo un esempio: immaginiamo una coppia sulla quarantina, costituita da una donna e un uomo. La loro relazione dura da dieci anni ed è molto equilibrata. Lui è appassionato di pittura e gli piacerebbe dipingere corpi nudi di altre donne. Se applichiamo il pensiero rigido a questo esempio, considereremo il desiderio di quest'uomo come una trasgressione morale, persino una specie di tradimento coniugale; al contrario, il pensiero aperto consisterebbe nel lasciare che l'uomo sviluppi questa sua passione artistica.

Dietro la paura della libertà si nascondono, generalmente, insuccessi personali. Le famiglie e gli individui che prosperano, che mantengono un equilibrio psicologico ed emozionale significativo, sono quelli che non "emozionalizzano" in eccesso i fatti, bensì affrontano con intelligenza e saggezza i cambiamenti; e che con coraggio escono dai margini del più antiquato tradizionalismo, senza, tuttavia, cadere nel relativismo o nel libertinaggio. Questo equilibrio è una sfida che le persone che soffrono di disturbo ossessivo devono affrontare, imparando ad ascoltarsi, a conoscere le proprie necessità e a essere sufficientemente coraggiose da integrarle in un nuovo stile di vita.

Durante il mio percorso professionale, ho conosciuto persone omosessuali che erano incapaci di accettare la propria sessualità in maniera adeguata. Vivevano la propria esistenza condizionati da un'apparenza falsa e rigida appartenente al mondo conservatore e, allo stesso tempo, dalla pulsione libertina del sesso fugace, generando spesso un forte conflitto interno.

L'integrazione di tutti gli aspetti dell'essere, man mano che la persona si conosce, si ascolta, si sente, è uno dei compiti più importanti per superare le ossessioni.

14. GLI PSICOFARMACI, LA MEDICINA NATURALE E L'ALIMENTAZIONE

a. Gli psicofarmaci

Gli psicofarmaci normalmente prescritti per trattare un disturbo ossessivo sono soprattutto antidepressivi e ansiolitici. A seconda del paziente, incideranno più su un aspetto che su un altro, cioè o sulla depressione o sull'ansia. Dietro qualsiasi disturbo ossessivo, si nasconde una forte dose di ansia, alimentata da una paura inconscia e da un nucleo depressivo spesso difficile da identificare. Di conseguenza, dobbiamo intendere i pensieri ossessivi e le compulsioni come la manifestazione sintomatica di un livello elevatissimo di ansia, che, a sua volta, è attivata dal nucleo depressivo, caratterizzato da due elementi fondamentali: la colpa e la paura. Potremmo dire che dietro questi disturbi si annida un cedimento simbolico, una specie di "caduta dell'anima".

Che cosa intendiamo per "caduta dell'anima"? Potremmo considerarla come la mancanza di connessione "erotica" con il mondo (la sensazione di piacere, la fluidità che si produce quando siamo ricettivi agli stimoli provenienti dall'esterno). Si smette di vivere e s'inizia esclusivamente a pensare, e di norma ciò si deve a qualche trauma sofferto in passato, o a una vita vissuta nella più dura avversità emotiva, entrambe situazioni che possono causare una mancanza di connessione.

Questa mancanza di connessione obbliga a vivere per inerzia, vivere senza essere vivi, centrati esclusivamente su un controllo eccessivo del pensiero sull'azione, impedendo l'espressione vitale più genuina. In casi come questo, gli psicofarmaci cercano di normalizzare questi sintomi a livello biochimico. In alcuni casi estremi, lo stato di annullamento è talmente elevato che la cura ha poco effetto, il nucleo inconscio non viene liberato e continua, quindi, a causare un grave stato di ansia.

Gli psichiatri organicisti ritengono che questo disturbo, come altri, abbia una componente strutturale e che la persona debba imparare a conviverci, per cui l'aggiunta di cure a una terapia cognitivo-comportamentale è considerata la più adeguata soluzione per poter andare avanti con maggiore o minore normalità. Molte volte però la sofferenza non diminuisce, oppure diminuisce di pochissimo. Sia chiaro che io sono assolutamente d'accordo con la somministrazione di farmaci, quando sono necessari per alleggerire la sofferenza di un paziente; e che sono il primo a raccomandare l'intervento di uno psichiatra, se necessario, per la loro somministrazione, da impiegare parallelamente al processo terapeutico che si andrà a realizzare.

In contraddizione con il criterio organicista, però, la mia esperienza di terapeuta mi ha dimostrato che alcuni casi, considerati cronici, sono arrivati a manifestare gradi di ossessione bassi o addirittura una scomparsa completa dei sintomi. Tutto questo conferma la mia teoria che possa esistere una predisposizione genetica e una certa vulnerabilità in alcuni soggetti, ma non una condizione strutturale a livello organico. Ci sono svariati casi di persone che per anni hanno sofferto di disturbi ossessivi compulsivi molto gravi, e che, in seguito, sono riuscite a guarire completamente. Chiaramente alla base rimarrà una personalità caratterizzata da una certa tendenza ossessiva, ma in una misura completamente "normalizzata".

Non mi piace mettere in discussione altre linee terapeutiche; ma posso affermare che, se non si canalizza l'ansia e non si sblocca il nucleo depressivo mediante una psicoterapia (per la quale si richiede un profilo umanista ed eclettico), che tratti in profondità l'origine di questo nucleo, non servirà a nulla imparare a gestire i pensieri ossessivi. Riassumendo: sì ai farmaci, mentre un adeguato processo terapeutico rimuove le basi psichiche e fisiche che generano una sintomatologia di tale gravità. E con una progressiva riduzione degli stessi, con la supervisione dello psichiatra, nel momento in cui la psicoterapia inizia a dare risultati positivi.

b. L'alimentazione

Se alla base di tutto c'è l'ansia, è evidente che è sconsigliata l'assunzione di bevande come caffè, tè, cola, bibite energetiche, e di cioccolato. Si dovrebbe diminuire il consumo di proteine animali e aumentare quello di verdura e frutta. A una persona che soffre psicologicamente, questi consigli possono apparire come obsoleti, ma io ho potuto comprovare come alcuni pazienti affetti da DOC migliorassero notevolmente anche solo abbandonando le bibite con caffeina. Bisognerebbe prestare attenzione alla dieta che si segue, una dieta che non solo aiuti a non far aumentare l'ansia, ma che la faccia addirittura abbassare. Nessuno potrà curarsi semplicemente smettendo di bere caffè, ma probabilmente noterà una riduzione dei sintomi.

La limitazione nell'assunzione di zuccheri è un altro fattore benefico da tenere in considerazione.

c. I rimedi naturali

Sempre e quando vengano somministrati da un naturopata o da un medico naturalista, il triptofano, l'iperico, la melissa e la passiflora sono rimedi naturali a bassa azione terapeutica, se comparati con i farmaci tradizionali, ma sufficientemente validi per coadiuvare la psicoterapia nei casi più lievi.

15. Meditazione, mindfulness e respirazione

La meditazione

Quando avevo venticinque anni, partecipai a un ritiro di meditazione di quindici giorni, organizzato sull'isola di Ibiza. L'organizzazione era gestita da un gruppo di monaci buddisti itineranti. Furono quindici giorni vissuti in forma quasi monacale: venne servito cibo esclusivamente vegetariano, si praticò l'astinenza sessuale, le ore di sonno erano prestabilite e regolate e si meditava mediamente otto ore al giorno, ripartite in quattro blocchi di due ore ciascuno. Posso affermare con certezza che questa esperienza cambiò la mia vita. Fu un punto di svolta tra un prima e un dopo. Non entrerò in dettagli specifici, ma quello che mi successe durante quell'esperienza è legato a ciò che, successivamente, il "monaco maestro" chiamò "risveglio della Kundalini".

Quello che mi sorprese e che raccomando ai miei pazienti, è la semplice tecnica di meditazione che ci insegnarono durante il ritiro. Ci dissero di metterci nella posizione che più ritenevamo comoda, per esempio seduti o sdraiati, e con gli occhi chiusi. Anche se monaci stettero seduti nella posizione del loto durante tutta la meditazione, io, come quasi tutti i nuovi partecipanti, decisi di sdraiarmi per terra, sui materassini messi a disposizione. La meditazione consisteva semplicemente in creare un mantra formato da due parole, come ad esempio: "amore e pace" o "verità e serenità" o ancora "libertà e calma".

Non importava quali decidessimo di usare, l'importante era che rappresentassero concetti di positività e benevolenza. Si trattava di "addomesticare la mente". Ripetevamo dentro di noi queste due parole incessantemente, senza cercare di visualizzare niente, nella maniera più semplice che si possa immaginare; e, ogni volta che i pensieri si concentravano su temi esterni e te ne rendevi conto, dovevi cercare di fermarti e tornare a concentrarti sulle due parole scelte. Nelle prime sessioni mi resi conto di come fosse difficile domare i pensieri: sembrava quasi di avere a che fare con un cavallo imbizzarrito, ogni tre secondi il pensiero andava da un'altra parte, distogliendomi dal presente. Man mano che passavano i giorni e le sessioni, potei constatare con piacere come la concentrazione sul mantra interno aumentasse e come, una volta acquisito un certo potere di controllo sulla mente, subentrasse una sensazione molto elevata di serenità e piacere.

Raccomando ai miei pazienti, e agli eventuali lettori che soffrano di disturbo ossessivo, almeno mezz'ora quotidiana di meditazione. Chi la pratica con regolarità, raggiunge uno stato di serenità che aiuta a diminuire l'ansia e, di conseguenza, la componente ossessiva. È bene sottolineare che, per le persone affette da questo disturbo, all'inizio sarà molto più difficile "addomesticare" la mente, ma con costanza e perseveranza potranno farcela.

<u>Mindfulness</u>

Questa tecnica è ispirata alla meditazione, magari senza la componente spirituale, e consiste nel vivere pienamente il presente, il qui ed ora, concentrandosi su "questo preciso istante". Tale metodo si sta diffondendo sempre di più, dato che si dimostra molto efficace nella riduzione dell'ansia e dello stress.

La sua pratica è un benefico coadiuvante nel trattamento del disturbo ossessivo.

<u>La respirazione</u>

Esiste una tecnica di respirazione che consiste nello sdraiarsi a pancia in su e inspirare ed espirare dalla bocca, ogni volta riempiendo d'aria l'addome, per una quindicina di minuti approssimativamente. Gli occhi devono rimanere chiusi e la bocca dischiusa come se fosse l'apertura di un tubo. Questo tipo di respirazione, per la durata suggerita, genera una piccola iperventilazione: essa fa sì che arrivi più ossigeno al sangue e che quest'ossigeno penetri nello strato interno dei muscoli, liberando le molecole che li mantengono contratti nei casi di forte tensione nervosa, anche cronica, come nei casi di cui stiamo parlando. Normalmente le zone dove si produce più frequentemente una sensazione di formicolio sono i piedi, la bocca, l'addome e il petto. Potrebbe darsi che alcune persone non notino nulla, ma si tratta comunque di un tipo di respirazione che riduce il livello d'ansia. Si può praticare con una certa frequenza, per esempio tre volte al giorno, per quindici minuti a sessione, sempre lontano dai pasti per evitare di interferire con la digestione.

Esistono alcune controindicazioni dovute a varie problematiche di salute. Per esempio, persone che soffrano di tensione arteriale scompensata, o che soffrano di cuore o che abbiano avuto un episodio psicotico, dovrebbero essere prudenti e consultare previamente un medico. Questa respirazione, se realizzata con frequenza, può aiutare a sbloccare tutto l'organismo, che nel caso del disturbo ossessivo, è in molte occasioni rigido e spastico.

16. Il ruolo del terapeuta

Un giorno, in un futuro spero non troppo lontano, si scoprirà che si può guarire un paziente solo se il terapeuta, libero da qualsiasi interferenza del proprio ego, crede fermamente di poterlo aiutare a curarsi e sente la sufficiente motivazione per implicarsi in questo processo creativo. Tutti i processi di cura sono processi affettivi, in cui l'«eros» (in questo caso la connessione "chimica" o "alchemica" che esiste fra due persone) deve essere attivato. Convertire il contro-transfert, cioè il significato inconscio che il paziente assume per il terapeuta, in qualcosa di asettico e neutrale, sarebbe come condannare la terapia all'insuccesso o a una durata eccessiva e molte volte improduttiva.

Nel caso del disturbo ossessivo non si dovrebbe mai iniziare alcuna terapia in cui il terapeuta non sia capace di legarsi al paziente, o di rafforzare in se stesso archetipi come quello del "curatore ferito" — cioè colui il quale ha sperimentato, in un dato momento della propria vita, un dolore emozionale dovuto a determinate circostanze e che adesso gli permette di poter empatizzare con i suoi pazienti.

Aggiungiamo anche qualcosa che potrebbe sembrare 'politicamente scorretto': non con tutti.

Potrebbero esserci, infatti, pazienti che non siano significativi per il terapeuta, pazienti che generino un controtransfert negativo, o la cui presenza susciti un sentimento di indifferenza a causa della mancata creazione di una connessione reale. In questo caso ci troviamo davanti a un problema: la natura di questa connessione può essere molteplice, però deve stimolare e risvegliare la connessione terapeutica, che è fondamentale per la riuscita della terapia. Se questo non dovesse avvenire, l'azione più onesta sarebbe quella di affidare il paziente a un altro terapeuta; oppure di provare a migliorare la situazione, fino a rendere possibile la creazione di un vincolo autentico. Il lavoro con una persona che soffre di disturbo ossessivo grave richiede molto più di una posizione razionale e logica che lavori solo "da intelletto a intelletto".

17. L'INDIPENDENZA DAL CAMPO: UN FATTORE IMPORTANTE PER SUPERARE UN DISTURBO OSSESSIVO

Come ho spiegato lungo il corso di questo libro, ciò che genera un disturbo ossessivo è un livello di ansia molto elevato, innescato da un blocco ideo-affettivo comparso a causa di circostanze traumatiche o di stress cronico in un determinato periodo dell'infanzia o dell'adolescenza. Per potermi spiegare meglio, citerò due esempi: nel caso del trauma, una bambina o un bambino che abbia sofferto abusi sessuali o abbia vissuto una situazione drammatica concreta. Il secondo caso potrebbe essere quello di un bambino o di un adolescente che, per un lungo periodo, si trovi a vivere una forte tensione psicologica, per esempio a causa di discussioni continue fra i genitori, minacce dirette o indirette, violenza, e così via. Questi sono esempi di come si crea il nucleo generatore di ansia che, nel momento in cui si tratta un disturbo ossessivo, diventa il fattore più importante. Ma, oltre al nucleo centrale, il terapeuta deve prendere in considerazione gli aspetti cognitivi e, fra questi, il fattore indipendenza dal campo.

In linea di massima, gli individui agiscono secondo parametri di pensiero comuni, di modo che valutazioni e ragionamenti si producono senza mai superare i limiti di questi parametri. Infatti, anche nel caso in cui si leggano milioni di libri di auto-aiuto, se non si riesce a superare il limite non si potrà realizzare nessun tipo di cambiamento. Facciamo un esempio: immaginiamo che io sia seduto insieme a un'altra persona in una stanza del mio appartamento. Dico a questa persona che ho perso la mia penna e le chiedo di aiutarmi a cercarla. Entrambi iniziamo la ricerca in punti diversi della stanza senza però riuscire a trovarla, fino a quando uno dei due inizia a pensare: "può darsi che la penna non sia in questa stanza". Ecco che in questo caso la stanza rappresenta il terreno cognitivo più familiare, dove siamo abituati a muoverci con sicurezza; mentre le altre stanze dell'appartamento rappresentano l'ignoto, terre sconosciute dove potremmo, chissà, trovare la risposta o la soluzione al nostro problema. Ho precedentemente menzionato la mia passione per i romanzi gialli, che, per la maggior parte, mantengono vivo l'interesse del lettore giocando con la sua indipendenza dal campo, e facendo sì che la sua attenzione venga indirizzata verso quei personaggi o situazioni ingannevoli che distolgono l'attenzione dal vero nocciolo della questione. Uno dei tranelli più frequenti consiste nel far credere al lettore che una cosa estremamente ovvia non possa essere vera: lo scrittore sa che ai lettori piace impersonare il detective, quindi una maniera per occultare l'assassino è renderlo onnipresente, talmente ovvio che chi legge arrivi a considerarlo troppo "semplice" e scontato per essere il colpevole. Edgar Allan Poe, nel suo libro "La lettera rubata", fa sì che tutti cerchino disperatamente questa lettera nei posti più disparati, quando in realtà essa si trova nel posto più evidente, e cioè nella cassetta della corrispondenza visibile a tutti, nel salotto. Possiamo, allora, argomentare che una maniera di nascondere qualcosa sia quella di renderla visibile.

I grandi esperti di marketing sanno come far sì che un cliente, che entra per comprare un prodotto specifico, debba percorrere a volte anche tutto il negozio, prima di arrivare alle casse. In questo caso la distribuzione dei prodotti, delle luci, i suoni, eccetera, guidano la persona per tutto il tragitto facendo sì che, in un'alta percentuale dei casi, il cliente esca con molti più prodotti di quelli che era andato a comprare. Questi stessi esperti, che lavorano per le grandi multinazionali, possono "prevedere" e calcolare, con addirittura dieci o quindici anni di anticipo, quello che staremo comprando o utilizzando da qui a quel momento. Che cosa significa ciò? Che l'indipendenza dal campo è una facoltà molto poco utilizzata. In primo luogo per un fattore d'intelligenza, perché ci vuole molto allenamento per riuscire a pensare in modo diverso dalla maggior parte delle persone. D'altra parte, esistono anche dei pregiudizi morali: nell'immaginario comune di ognuno di noi, esiste un'idea di ciò che è giusto e ciò che non lo è, in base alla quale abbiamo la sensazione che, se non facciamo la cosa giusta, verremo mal giudicati dalla famiglia, dagli amici e dalla società... Ciò condanna gran parte delle persone alla non-evoluzione, visto che sono molto pochi coloro che si azzardano a trasgredire i limiti considerati normativi.

È molto probabile che tu, lettore, in quest'ultima frase abbia collegato la parola 'trasgressione' con la sfera sessuale, quando in realtà molte persone realizzano trasgressioni sessuali senza produrre alcun tipo di risultato evolutivo. Non possiamo neanche affermare che esse siano connesse con il concetto di indipendenza dal campo.

Le trasgressioni a cui mi riferisco sono quelle che richiedono coraggio, come quando facciamo qualcosa che ci spaventa.

Immaginiamo adesso un padre che durante la settimana dedica le sue giornate al lavoro, e che nei weekend accompagna i figli alle diverse attività che svolgono. Avendo così poco tempo libero per se stesso, un giorno decide di dare una svolta alla propria vita, e lo vuole fare senza doversi separare o abbandonare la famiglia. Che cosa potrebbe fare? La maggior parte delle persone risponderebbe "avere un hobby". Cioè essere uno schiavo con un hobby. Esistono altre possibilità? Per trovare una risposta diversa a questa domanda, è imprescindibile l'indipendenza dal campo e ci sono persone che ci riescono. Nelle varie biografie degli esseri straordinari che hanno fatto parte della nostra storia e attualità, troveremo molti esempi d'indipendenza dal campo che ci insegnano che la maggior parte di loro non ha mai trasgredito principi etici o morali, eppure sono stati capaci di separare le cose più importanti da quelle secondarie e non hanno dedicato a queste ultime neanche un minuto di tempo.

Poco tempo fa stavo leggendo un libro di W. Dyer: "Pensa diversamente, vivi diversamente" (Dyer non evidenzia nulla di innovativo nei suoi ultimi libri, ma riesce a rimanere vitale e positivo ed è una lettura così piacevole che permette di inquadrare la vita da un punto di vista ottimista e pragmatico). Nel libro, l'autore spiega come non si sia mai sentito obbligato a partecipare ad alcun impegno familiare, anche quando avesse a che fare con i suoi figli o i suoi nipoti. Così facendo questo padre di una famiglia numerosa si è risparmiato gli innumerevoli compleanni, anniversari e altri "rituali" familiari. Avendo, oltretutto, avvisato in anticipo la sua famiglia, nessuno si è mai sentito offeso da questa sua decisione. Ci rendiamo conto del tempo e della libertà che ha a disposizione quest'uomo e di come decide di farne uso?

Il famoso regista italiano Federico Fellini, mentre era a Roma, in teoria, per studiare Diritto — finanziato dai genitori, che vivevano a Rimini —, si dedicava, invece, a dipingere sulle vetrine dei bar i prodotti messi in vendita all'interno. Con i guadagni ricavati da questa sua singolare attività, e con lo stipendio che gli passavano i genitori, riuscì a mettere da parte sufficiente denaro per poter auto-produrre i suoi fumetti, che in seguito lo aiutarono a trovare lavoro presso una casa editrice. Non ebbe mai nessun rimpianto per non aver finito il corso di laurea in Diritto, perché la sua vocazione per il mondo dell'immagine era tale che non gli generava alcun conflitto interno. Precisiamo: Fellini non stava con le mani in mano senza far nulla, cosa che lo avrebbe convertito in un parassita; al contrario, stava facendo qualcosa che realmente lo appassionava e che i suoi genitori non avrebbero accettato, se lo avessero saputo sin dall'inizio. Il risultato finale lo conosciamo tutti: si convertì in uno dei migliori registi della storia, vincitore di innumerevoli premi e autore di successi internazionali.

Torniamo adesso al tema principale, e cioè perché quasi il cento per cento degli ossessivi manca di indipendenza dal campo? Perché vivono con tanta difficoltà a pianificare la vita fuori dai canoni comuni? Perché si sentono obbligati a fare quello che devono fare? Esiste una predisposizione verso quest'ordine perfetto? Come direbbe lo psicanalista Erich Fromm, "si tratta di una profonda paura nei confronti della libertà". Così che, per la maggior parte delle persone, "attivare" l'indipendenza dal campo è un qualcosa che le può aiutare a migliorare la propria vita, personalizzandola, trovando una risposta a vecchi problemi, introducendo un elemento di originalità... ma nel caso degli ossessivi è assolutamente fondamentale, dato che il campo in cui si muovono abitualmente è troppo stretto e rigido.

Come si attiva l'indipendenza dal campo?

- Leggendo biografie

- Analizzando il comportamento delle persone che si muovono in maniera diversa rispetto alla massa (invece di criticarle).

- Domandandoci quante cose inutili facciamo che non ci piacciono.

- Mettendo in discussione il tipo di relazioni che abbiamo con gli altri, chiedendoci se realmente ci soddisfano o se semplicemente sono basate sulla routine o sulla sottomissione.

- Adottando nuovi punti di vista e nuovi stili di vita. O viaggiando (chi può permetterselo).

- Avvicinandoci alla cultura e all'arte in tutte le sue dimensioni.

- Riuscendo a risvegliare i nostri sensi.

- Esercitando l'empatia e mettendoci al posto degli altri, persino in quello della gente che la pensa in maniera molto diversa da noi.

18. L'attivazione dionisiaca

Probabilmente questo è il paragrafo più importante del libro. Qui risiede e si spiega il reale segreto del processo curativo.

La mia formazione come analista junghiano mi ha permesso di esplorare il mondo degli dèi pagani, la sua simbologia, il mistero che ognuno di essi nasconde e il potere di manifestarsi nella nostra psiche attraverso l'inconscio.

Posso dichiarare fermamente che senza Dioniso non c'è cura.

Dioniso era uno degli dèi dell'Olimpo greco, figlio di Zeus, il dio supremo, e di Semele, una donna mortale.

Dionisio, maschile e femminile, rappresenta l'estasi che si raggiunge attraverso la musica, l'arte, il vino, quando lasciamo il controllo delle nostre azioni e ci abbandoniamo all'esperienza sensoriale. Rappresenta la compensazione psichica di suo fratello, Apollo, simbolo dell'ordine, della razionalità e della struttura.

Dionisio è presente durante le feste, nel sesso quand'è sperimentato con libertà e piacere, nelle risate di un gruppo di amici che sorseggiano un bicchiere di vino, nella poesia che innalza lo spirito, nella visione di un film che ci "ubriaca" di entusiasmo, in un massaggio ricevuto con vivida sensualità, in un bagno al chiaro di luna in un mare lucente, nella musica che ci porta a ballare, cantare, a sedurre, il corpo che si rilassa, sente, si libera.

Ebbene: se soffri di un disturbo ossessivo, ti chiedo adesso di "attivare il potere dionisiaco" nella tua vita. Come si fa? Difficile, vero? Sai perché può risultare quasi impossibile farlo? Perché sei intrappolato nel logos, nel pensiero, nel controllo, perché l'ansia genera trappole formate da pensieri ripetitivi, conflitti interminabili, controllo costante o rituali "obbligatori".

E, dunque, come puoi riuscirci?

Prima di rispondere a questa domanda devo dire che il processo d'integrazione dionisiaco richiede la stessa perseveranza e determinazione di quando s'impara a nuotare. Non si può pretendere di andare un giorno in piscina, seguire le indicazioni dell'istruttore, spaventarsi e non tornare più perché non si è imparato a nuotare. Si tratta di un buon esempio, poiché il dionisiaco nelle personalità ossessive produce una paura e suole generare un certo rimorso, dato che "si prova piacere", "si gode" del momento presente e ciò molte volte nelle personalità ossessive è vissuto come un conflitto.

Adesso passiamo alla fase di attivazione:

- Balla: in casa, da solo/a, con musica o semplicemente ascoltando il tuo respiro, arriva all'estasi, alla danza "sfrenata", buttati a terra, salta, fai "il matto", vivi senza sentirti ridicolo e divertiti nel farlo.

- Fai dei massaggi sensuali, tralasciando l'aspetto terapeutico. Lascia che ti provochino un reale piacere sensoriale, non necessariamente legato alla sfera sessuale, però, sì, a quella sensuale. Te li deve fare qualcuno che ti risulti attraente indipendentemente dal fatto che sia il tuo compagno/a, un amico/a o un/a professionista. È molto importante che tu sia onesto con te stesso. Non importa se sei giovane o anziano, se sei fidanzato/a o no; devi trovare qualcuno che ti porti fino al punto massimo di abbandono dei sensi, dove il rilassamento e il piacere si fondono. Insisto sul fatto che non c'è alcuna necessità di far sì che questo tipo di esperienza sia connessa con la sfera sessuale. A meno che tu non voglia aggiungerla.

- Mangiare e bere: prenditi il tempo necessario per prepararti del cibo che ti piaccia e, se puoi e ti fa sentire bene, bevi ma con moderazione. Arriva fino al punto in cui inizi a disinibirti. Fa' sì che bere e mangiare diventino un'esperienza sensuale. Impara a elaborare piatti esotici e sopratutto a godere del cibo anche quando sei solo.

- Esprimiti in modo creativo: dipingi, scrivi, fai sculture, lavora la ceramica, suona o componi musica, fai fotografie di paesaggi, città, corpi...

- Libera il tuo corpo: frequenta spiagge nudiste, bagni turchi, saune, vivi serenamente il tuo corpo nudo, solo o in compagnia... godi delle tue forme e delle forme degli altri.

- Abbraccia, mantieni un contatto affettivo: ma fallo con chi desideri, non importi di abbracciare persone che non senti vicine o addirittura chi ti generano repulsione.

Ogni volta che percepisci che per amicizia, attrazione fisica, fratellanza, familiarità, amore, vuoi abbracciare qualcuno... avvicinati, abbraccia e rispetta la reazione dell'altra persona, sia essa accogliente o un po' refrattaria. Non succede nulla, bisogna sapersi lasciare andare e sempre ci saranno persone che, abbracciandole, ci daranno un grande senso di pace.

- Leggi: leggere genera piacere, quando troviamo qualcosa di nostro gusto. Personalmente, raccomando romanzi o biografie, piuttosto che libri di auto-aiuto, perché li trovo molto più autentici, emozionanti, esperienziali. La maggior parte delle persone divora manuali di auto-aiuto, senza però riuscire a cambiare nulla della propria esistenza; e, generalmente, sono persone che addirittura arrivano a sapere tutto quello che c'è da sapere su come farlo. Infatti, se durante la lettura non avviene una connessione emozionale, né un "risveglio della coscienza", si rimane vincolati alla routine di sempre. Forse con un po' più di indipendenza, ma nulla di più.

- Innamorati: dovremmo tornare a innamorarci ogni cinque anni, non so se dei nostri partner o se di qualcun altro. Questo non significa che ciclicamente dobbiamo rompere quello che abbiamo; amare è molto di più che essere innamorati. La vita, però, può diventare un po' noiosa e dobbiamo imparare a introdurre nuove emozioni che accompagnino la nostra esistenza e, per trovarle, non serve buttare tutto dalla finestra. La vita è anche un gioco e si tratta di saperlo giocare. Non si tratta né di vivere come un monaco, né di fare l'elefante in una cristalleria, che, ogni volta che si muove, produce uno "tsunami" emotivo.

- Trasgredisci: la trasgressione ha due limiti, la legge e l'etica. Entrambe vanno rispettate; ma, partendo da una condizione di sicurezza fisica ed emozionale, incomincia a essere più pulsionale, radicale, a rompere con i limiti prestabiliti del "corretto" e lo "scorretto" che ti hanno condizionato per tutta la vita.

- Viaggia: adesso tutti viaggiano, ma poca gente lo fa "vibrando". Reputo stupidi alcuni atteggiamenti come quello di fotografare tutto senza fermarsi mai a osservare davvero. Quando vedranno davvero ciò che li circonda? Chi sarà il malcapitato che tortureranno mostrandogli e spiegandogli le centinaia di foto che hanno fatto? Davvero questo è viaggiare? Credo che ci siano persone che non sono capaci di osservare la realtà, se non è filtrata da uno schermo. Vivi il viaggio, per favore!! Sperimentalo!! Lasciati sedurre!!

- Esci dalla routine quotidiana e dalla noia: fai ciò che devi fare, ma esci da quella posizione rigida che non fa altro che alimentare l'ossessione e la schiavitù mentale! Cerca di conoscere persone nuove, nuovi circoli di amici, mettiti in situazioni insolite, generati un problema sufficientemente intenso (insisto a specificare che intendo tutto ciò in un'accezione positiva, entro la legge e l'etica) che comporti una forte liberazione dallo stile di vita attuale. A volte l'unica maniera di uscire dalla nostra "prigione mentale" è romperne le sbarre senza nessuna considerazione.

Potrei aggiungere molti altri punti, ma credo che quelli scritti finora siano sufficienti per dare un'idea. Posso immaginare che per gli ortodossi tutto questo sia una frivolezza, per altri qualcosa di impossibile, e che molti altri non saprebbero da che parte incominciare. Certamente, tuttavia, questa è una delle chiavi terapeutiche che più utilizzo con i miei pazienti nei processi di liberazione e dissoluzione del disturbo ossessivo. Si tratta di farli tornare alla vita e utilizzare i mezzi necessari di cui disponiamo. E funziona.

19. Perché il disturbo ossessivo si può curare?

A differenza di quanto pensa la maggior parte degli psichiatri organicisti e degli psicologi cognitivo-comportamentali, il disturbo ossessivo compulsivo si può curare. In un paragrafo precedente ho menzionato la predisposizione genetica, che fa sì che alcune persone siano più vulnerabili a certe malattie. Ma, ripeto, vulnerabili, non condannate: semplicemente presentano certi fattori di predisposizione.

Mi ero ripromesso che non avrei parlato del mio metodo, né pubblicato questo libro, fino a che non avessi avuto sufficienti dati e riscontri della completa riuscita della cura di alcuni pazienti che soffrissero di questo disturbo a un livello considerevolmente grave. Adesso mi sento legittimato ad affermare che esso si può curare in un'alta percentuale di casi.

La psiche umana e il corpo umano sono in perenne interazione tra di loro, formano parte della stessa unità e il nostro stesso genoma può essere modificato da fattori esterni. Siamo soggetti a un cambiamento costante, siamo in perenne trasformazione. A partire dal momento in cui assimiliamo queste informazioni, non possiamo più considerarci come qualcosa di statico, inamovibile, permanente, a meno che qualcuno con autorità accademica ci dica il contrario e ce lo ficchi nella testa, in maniera tale da convertirlo in una "verità assoluta" che vada a strutturare una parte importante della nostra vita. Se, di fronte a una persona disperata, un medico afferma perentoriamente che la sua malattia è incurabile e che dovrà conviverci tutta la vita senza speranza, sarà molto difficile che questa persona possa superarla, visto che si è prodotta una sorta di registrazione psichica nel suo pensiero.

La mia considerazione principale è che niente è immutabile e che le possibilità di un cambiamento, in qualsiasi circostanza, sono elevate. Un paziente che soffre di disturbo ossessivo è un essere vivente rinchiuso nel suo stesso carcere. Un carcere da cui sente di non poter fuggire, che lo avverte che più prova a fuggirne più ristrette si faranno le pareti. Affinché possa sopportare la propria prigionia, lo scenario più comune è che gli somministrino medicinali e che gli insegnino a convivere con la situazione, senza cercare di cambiarla. Che cosa gli impedisce realmente di uscirne? Risposta: le esperienze "ansiogene", cioè quelle esperienze che si sono accumulate e che gli hanno generato un alto livello di ansia per un lungo periodo di tempo. La mia idea è, quindi, che, se siamo capaci di dissolvere tali esperienze, allora possiamo liberare la persona dalle sue ossessioni.

20. Una favola simbolica

Racconterò adesso una favola di mia invenzione, che credo possa servire a spiegare cosa succede quando si soffre di disturbo ossessivo, e in che modo liberarsene. Mi sono ispirato alle narrazioni classiche di fiabe della tradizione tedesca:

Tanti anni fa, in un paese molto lontano, nacque un bambino nel cui destino era scritto che sarebbe stato un principe.

Suo padre, il re, era un uomo dal carattere severo, autoritario e rigido. La madre, la regina, era una donna sottomessa ai capricci del marito. Il principe venne alla luce sorridendo e le persone che vivevano nel palazzo si sorpresero della sua allegria e felicità, cosa che il padre non riusciva a sopportare. Il bambino crebbe e il suo carattere allegro e vitale compiaceva molto gli abitanti della corte, specialmente sua madre. Il re, al contrario, non poteva consentire questa placida esistenza da cui lui si sentiva molto lontano.

Quando il principe festeggiò i cinque anni, il re lo fece chiamare e portare al suo cospetto e, come se avesse davanti a sé un adulto anziché un bambino, gli disse con fermezza: «Tu sei responsabile della mia infelicità. Dal momento in cui sei nato, io trascorro notti insonni. D'ora in poi ti riterrò responsabile di tutta la mia frustrazione».

Il bambino, data l'età, non poté comprendere pienamente il significato delle parole di suo padre e, nonostante fosse spaventato, continuò a giocare e ridere come sempre. Ciò provocava nel re una sensazione di rabbia e risentimento, che finì con il trasformarsi in odio nei confronti di suo figlio.

Poco tempo dopo, lo fece chiamare di nuovo e gli ordinò di dipingere una sala vuota del palazzo. Vennero incaricate tre domestiche di controllare giorno dopo giorno il lavoro del principe. La sala era enorme e lui a mala pena poteva uscirne per andare a mangiare e dormire. Nonostante il bambino si sentisse sempre più triste per il castigo ricevuto, del quale non comprendeva la ragione, continuava a mostrarsi felice e amabile. Sua madre, la regina, soffriva terribilmente a causa dell'ingiustizia nei confronti del figlio; il re d'altro canto era uno spietato tiranno senza scrupoli, capace di creare solo situazioni crudeli e dolorose.

Alla regina era permesso di vedere il figlio solo per alcuni minuti al giorno.

Un giorno il bambino fu nuovamente chiamato alla presenza del padre, il quale poté comprovare che esistevano ancora dei segni di felicità nel suo comportamento. Incollerito, ordinò che il bambino fosse rinchiuso nella stanza che stava dipingendo. Non sarebbe più potuto uscire, né di giorno né di notte. La madre avrebbe potuto vederlo solo attraverso la grata di una porta. Poco tempo, dopo la terribile punizione aumentò, e anche le visite furono proibite.

Il bambino crebbe e diventò un adolescente. Chiuso dentro quella grande stanza, e non avendo nulla da fare, trascorreva le giornate dipingendo, camminando in cerchio, e la sua mente si soffermava su pensieri ripetitivi, per la mancanza di stimoli esterni che potessero spronarne l'immaginazione, e per l'assenza totale di libertà. L'adolescente crebbe ancora e diventò un uomo adulto. La sua disperazione era tale che a volte diventava incontrollabile, la notte gridava, di giorno colpiva le pareti, la porta, le finestre, però niente cambiava. Non poteva ricevere alcuna visita e, chi avesse lasciato la regina avvicinarsi al figlio, sarebbe stato condannato a morte. Solamente a un servo era concesso il permesso di portargli il cibo e a mala pena poteva scambiarci qualche parola. La tristezza del principe era talmente grande che gli prosciugò tutte le energie, ed egli trascorreva la maggior parte del tempo sdraiato per terra, senza avere le forze per muoversi.

La madre era al culmine della disperazione e non sapeva più cosa fare. Un giorno, mentre era seduta sul suo letto a piangere, le si avvicinò una dama di corte che le disse: «Signora, il vostro dolore mi commuove e mi piacerebbe darvi un consiglio». La regina alzò la testa e le rispose: «Parlate. Spero che le vostre parole servano a consolare il mio povero cuore, che è cosi pieno di dolore che mi tiene alle porte della morte». La dama rispose: «Mi hanno parlato di un vecchio saggio che vive in un regno vicino e che è riuscito ad avvicinarsi e a parlare al cuore di molti uomini induriti dalla vita. Se voi voleste, forse si potrebbe farlo chiamare perché venga qui, al palazzo». La regina, agitata, immediatamente rispose: «Credete davvero che possa liberare mio figlio?». «Questo non lo so, mia Signora, ma penso che valga la pena provare», disse la dama.

Venne al più presto organizzata una spedizione. Passati pochi giorni, il vecchio saggio si recò nelle stanze private della regina, totalmente di nascosto dal re: se il sovrano avesse saputo di quello che la regina stava pianificando alle sue spalle, l'avrebbe condannata per alto tradimento.

L'anziano uomo era di bassa statura, con una lunga barba bianca e uno sguardo che esprimeva comprensione. La regina lo fece avvicinare. Cercò di dire qualcosa, ma egli la interruppe ed, essendo già a conoscenza del dramma che stava avendo luogo nel palazzo, le disse: «Maestà, dovrete offrire un sacrificio se volete che vostro figlio venga liberato». La regina rispose immediatamente di sì: era disposta a qualsiasi cosa.

Che cosa avrebbe dovuto fare? Il saggio dichiarò: «Dovrete esporre la vostra stessa vita». A una madre come lei, tanto innamorata del proprio figlio, questa affermazione non fece battere ciglio. L'unica cosa di cui volle assicurarsi fu che la propria morte potesse servire davvero a qualcosa, cioè alla libertà del figlio, poiché, se fosse morta, il principe non avrebbe avuto nessun altro su cui contare. Il saggio aggiunse: «Maestà, io non vi ho chiesto di morire. Vi ho solo chiesto se siete pronta a mettere a rischio la vostra vita».

«Ditemi quello che devo fare, sono pronta», disse la regina.

«Affrontare Vostro marito», concluse il saggio, «ma dovrete farlo di fronte a tutta la corte. Io mi nasconderò fra gli abitanti del palazzo e, se potrò, interverrò nel momento opportuno, affinché la vostra vita non venga messa in pericolo. Non so se ci riuscirò, ma farò tutto quanto è in mio potere per aiutarvi». La regina assentì.

La settimana seguente si celebrava nel palazzo l'anniversario della salita al trono del capriccioso e tirannico sovrano. La corte e il popolo erano terrorizzati da lui, era un uomo incapace di essere felice, era invidioso, geloso, pieno di risentimento e incapace di dar valore agli aspetti postivi della vita. Molti erano morti per esecuzione a causa sua e molti vivevano in prigione come il suo stesso figlio. Affrontarlo avrebbe potuto avere conseguenze terribili, non solo per la regina, ma per tutto il paese. Il saggio non aveva rivelato a nessuno quale fosse il suo piano.

La sala del ricevimento poteva contenere anche mille persone: erano presenti tutti i membri della corte, i sudditi delle regioni più remote del paese, così come i membri delle casate reali di altri paesi. Il lusso e la cura dei dettagli erano abbaglianti, c'era cibo in grande quantità e musicisti che accompagnavano gli ospiti con le loro celestiali melodie. Improvvisamente suonarono le trombe per annunciare l'arrivo del re e della regina, che apparvero tenendosi per il braccio fino ad arrivare ai troni, simbolo di potere. La regina tremava, ricoperta di perle di sudore, sapeva che il momento più difficile della sua vita si stava avvicinando. Il pensiero della libertà di suo figlio le dava però una forza estrema.

Tutti i presenti erano seduti e aspettavano in silenzio le parole del re. Questi si alzò e disse: «Dame e cavalieri, vi ringrazio per essere qui presenti in questo momento. A voi va la mia gratitudine per essere venuti a festeggiare questi trenta anni di felicità e prosperità che vi ho dato sotto il mio regno».

All'improvviso, e come impossessata da uno spirito sconosciuto, la regina si alzò e gridò con tutta la sua forza:

«NO!». Il suo grido risuonò su tutte le pareti. La sala era avvolta nel più assoluto silenzio, il re si girò verso di lei con gli occhi pieni di odio e ira. La regina era terrorizzata ma continuava imperterrita e, spinta da una forza ancestrale, rimase ferma e di nuovo gridò: «NO!». I "no" incominciarono a moltiplicarsi e a farsi sempre più forti e decisi. I "no" uscivano dalla sua anima, dal più profondo del suo corpo. Il re era assolutamente esterrefatto e non sapeva come reagire. Immediatamente gridò:

«Arrestatela!». Tre soldati situati all'altro estremo della sala iniziarono a correre con le spade alzate in direzione della regina, che continuava a gridare: «No, No, No», e le sue grida erano tanto potenti che arrivavano anche al più duro dei cuori.

Inaspettatamente, una lancia argentata attraversò il salone e si conficcò in mezzo alla fronte del re, che cadde al suolo con la stessa espressione adirata e infelice sul volto che l'aveva accompagnato per tutta la vita. I sudditi e gli invitati, impietriti e terrorizzati, non sapevano cosa fare. La regina aveva pochi secondi per agire. Questi istanti avrebbero deciso il destino del paese. Non poteva sbagliare. Si eresse fermamente, alzò fieramente la testa e si diresse a tutti i presenti e con voce chiara e alta disse: «Io sono la regina».

Per un breve istante, che sembrò un'eternità, nessuno osò reagire. Lentamente tutti i presenti incominciarono a inchinare le teste fino a che tutta la sala si trovò prostrata davanti alla nuova maestosa sovrana. In cuor loro tutti sapevano che ciò che era accaduto era stato un atto di liberazione, ma nessuno osava muoversi né parlare. Nel silenzio più assoluto, il vecchio saggio spariva dalla sala, nessuno avrebbe mai più saputo nulla di lui.

La regina, provvista del nuovo potere, liberò il principe, al quale insegnò per cinque anni a diventare sicuro, ribelle e libero. Decise di non passargli il trono fino a quando non si sarebbe convinta che il nuovo re sarebbe stato un uomo equilibrato e maturo, pieno di bontà, forza, giustizia e compassione, che sarebbe stato un guerriero giusto e fermo nel momento del bisogno. Appena il principe fu considerato pronto, la regina abdicò lasciandogli il trono e si ritirò a meditare e scrivere racconti per le future generazioni del paese.

Il principe era adesso un re e avrebbe governato fino alla fine dei suoi giorni. Per tutta la vita, poi, ricordò che, costi quel che costi, e anche a prezzo della propria esistenza, non ci si deve mai sottomettere alla tirannia di un despota insicuro e infelice.

Qual è il significato simbolico degli elementi del racconto?

- Il Re: è una figura rigida, autoritaria, incapace di essere felice, che detesta la libertà di espressione, la spontaneità. Il suo personaggio rappresenta un logos (mente, pensiero) tirannico, insicuro, dominante e dominato dalla paura. È la ragione dittatoriale (Pensiero ossessivo).

- Il Principe: rappresenta la libertà, la spontaneità, la felicità. È la nostra natura innata, connessa con la vita (Natura originaria).

- La Regina: rappresenta le pulsioni più primitive, l'amore, la capacità di superare le proprie paure, il coraggio. (Pulsioni primarie).

- Il Saggio: rappresenta la conoscenza che può ristabilire, attraverso l'attivazione delle pulsioni, la natura più primordiale, libera dalle ossessioni. (Funzione terapeutica).

- La Prigione: rappresenta il disturbo ossessivo, la prigione interna. (Anche se in questo racconto è reale).

- La Lancia: l'arma che si attiva grazie alle pulsioni primarie (grida della regina) e che riesce a uccidere il re (pensiero ossessivo).

È una storia di per sé semplice, ma sufficientemente grafica da far comprendere i vari elementi che partecipano al processo di creazione di un disturbo ossessivo e di liberazione da esso.

21. QUAL È IL MIO METODO PER CURARE UN DISTURBO OSSESSIVO?

Per spiegare la metodologia che utilizzo durante le mie sessioni terapeutiche, devo fare una breve fondamentale premessa sulla mia teoria riguardante il disturbo ossessivo-compulsivo.

Il disturbo ossessivo si produce a causa di un eccesso d'ansia, che si è accumulata durante gli anni e che rimane "intrappolata" nell'organismo fisico del paziente. Distinguo il fisico dallo psichico, perché la psiche si convertirà nel sintomo del blocco corporeo. Prima di tutto sarà fondamentale liberare il blocco a livello fisico, dopo di che sarà possibile ristrutturare i contenuti e lo stile di vita del paziente.

Questo metodo è molto lontano da quello abitualmente utilizzato, che mescola i farmaci ansiolitici e antidepressivi con la terapia cognitivo-comportamentale. La ragione per cui ho potuto riscontrare casi di guarigione completa dal DOC in pazienti che erano in terapia da anni ma senza quasi aver ottenuto risultati, è che la logica che accompagna la terapia è completamente diversa e, anche se può sembrare strano, più semplice.

Immaginate una tigre rinchiusa in una gabbia di cinquanta metri quadrati. A noi la gabbia sembra sufficientemente ampia, ma non lo è per la tigre. Essa passa il tempo deambulando inquieta da un punto all'altro, cercando una possibile via di uscita. I guardiani dello zoo le dànno da mangiare e da bere e mantengono la gabbia pulita, eppure la tigre diventa ogni giorno più inquieta e aggressiva. La soluzione al problema, da parte dell'equipe dello zoo, è di somministrarle medicine, affinché possa resistere alla prigionia. In seguito, le manderanno un domatore che le insegnerà a fare diversi esercizi dentro la gabbia. Entrambe le cose serviranno a calmarla temporaneamente, ma la tigre soffrirà momenti molto critici, potrà persino arrivare a farsi del male, cadere nella prostrazione, aggredire. Vi viene in mente quale sarebbe l'azione più adeguata affinché la tigre smetta di soffrire? È molto semplice: liberarla.

Adesso immaginiamo di liberarla dopo dieci anni di vita in gabbia e scopriamo che, anche se in libertà, adotta gli stessi meccanismi utilizzati nella prigionia: si muove in uno spazio ridotto, esplora appena il territorio ed è aggressiva.

Questo è esattamente quanto succede a una persona con DOC. Non serve a niente insegnarle a vivere nella gabbia con rassegnazione, né tanto meno somministrarle farmaci per distoglierla dalla realtà (anche se, sottolineo, non dico che in una fase iniziale della terapia non siano fondamentali). Allo stesso tempo, non serve a niente insegnarle a vivere diversamente, se prima non abbiamo liberato tutto il blocco dell'istinto, che si è generato a causa della reclusione.

Se gli esseri umani fossero tigri, quello che io proporrei a livello terapeutico sarebbe di risvegliare tutti gli istinti perduti: esplorare, cacciare, proteggersi, riconoscere i propri simili, giocare, lottare, marcare il territorio, stabilire gerarchie, eccetera. Visto che siamo umani e viviamo in una società civilizzata, bisogna risvegliare gli istinti in maniera artificiale, combinandoli il più possibile con esperienze reali di vita quotidiana.

Continuiamo, però, con l'esempio della tigre. Immaginiamo che, dopo dieci anni in cattività, le sue articolazioni abbiano perduto flessibilità. È probabile che abbia sviluppato qualche patologia a livello cardiaco che le renda difficile il ritorno alla vita selvaggia. Previamente dobbiamo, quindi, fare qualcosa. Presumibilmente dovremo curarla fin dove ci è possibile.

Tornando alle persone, succede qualcosa di simile: risvegliare l'istinto, le pulsioni, liberare emozioni come rabbia, ira, risentimento, richiede ricevere amore e cura. Tutto questo passa, prima di tutto, da un lavoro sulla liberazione del corpo e della mente e da un'attenzione speciale verso il paziente. Stiamo parlando di una progressività, nella terapia, che ci porta dallo sblocco diretto dell'ansia annidatasi in alcuni punti del corpo, fino all'irruzione, nella vita, della propria personalità, i contenuti del proprio pensiero. Tutto ciò crea delle basi talmente forti nel carattere e nel temperamento, che permettono al paziente di non ricadere.

Questi sono i passi. Uno: trovare la circostanza o le circostanze che hanno generato al paziente gli alti livelli di ansia che con il tempo si sono trasformati in sintomi, come le ossessioni reiterate. Due: individuare la struttura della personalità del paziente o, se fosse necessario, iniziare a lavorare su nuovi contenuti. Tre: sbloccare il corpo. Quattro: liberare l'istinto, le pulsioni e le emozioni. Cinque: ristrutturare le sue convinzioni. Sei: individuare l'archetipo principale del paziente, e cioè chiedersi chi è, che mito rappresenta la sua vita?

Una volta terminato il trattamento, la persona deve essere libera dal disturbo ossessivo e, allo stesso tempo, deve avere

una visione chiara del cammino che dovrà seguire nella propria vita. Non dovrà basare tale visione su pregiudizi, bensì dedurla attraverso un lavoro più profondo, dell'inconscio, che troverà quei contenuti emergenti che permetteranno di canalizzare l'energia che prima era rimasta bloccata.

22. Come funziona la terapia?

Lo spiegherò con un caso immaginario ma prototipico. Pedro ha 26 anni e si dirige al nostro Centro. Io svolgo la prima seduta con lui (effettuo personalmente le prime visite in spagnolo, catalano e francese, altri membri del team svolgono quelle in inglese, italiano ed olandese). Pedro mi spiega che da tempo soffre di un disturbo ossessivo di contenuto omosessuale, che lui ha sempre pensato di essere eterosessuale ma un giorno al lavoro guardando un collega ha pensato che fosse un bel ragazzo, e a partire da quel momento è rimasto "imprigionato" nell'idea che forse gli possano piacere gli uomini. È terrorizzato ed immerso in un dubbio costante. Dice anche che il suo livello di sofferenza è così elevato che "preferirebbe scoprire di essere gay" per mettervi fine. Ma non lo è.

Cosa fare a questo punto? Prima di tutto conoscere la sua storia personale (anamnesi) nel modo più dettagliato possibile, con l'intenzione di cercare elementi, variabili e situazioni scatenanti che abbiano potuto preludere allo sviluppo di un disturbo ossessivo. Una volta identificate –ciò avviene tra la prima e la terza sessione- realizzeremo una serie di proposte concrete a parte della terapia individuale, da effettuare nella sua vita ordinaria, che siano raggiungibili per lui. Per esempio, realizzare un qualche tipo di sport concretamente, che stabiliremo insieme, o con che stabilirà con lo psicologo del team con cui starà lavorando, e altre azioni personalizzate basate sullo sviluppo del suo caso specifico. In IPITIA offriamo ai pazienti presenziali, in modo volontario e gratuito, di partecipare a gruppi terapeutici che si effettuano con differenti tempistiche e che hanno lo scopo di attivare la parte più istintiva e pulsionale della personalità.

I pazienti Online hanno la possibilità di partecipare –sempre gratuitamente- a un processo terapeutico di gruppo che dura tre giorni, venerdì sabato e domenica, e che al momento della stesura del libro si svolge ogni tre mesi.

Se Pedro, oltre a realizzare terapia individuale, settimanalmente o ogni quindici giorni, svolge le attività pattuite con il terapeuta nella sua vita quotidiana (tutte basate nella liberazione dell'istinto e della pulsione, o detto in altro modo, mirate ad incrementare il coraggio e l'audacia con la quale affronta la vita), partecipa alle attività gratuite proposte e si compromette con le indicazioni ricevute in sessione, le probabilità che inizi un chiaro miglioramento sono molto elevate.

Ciò che gli dirò il primo giorno: *"Tu sarai colui che valuterà i tuoi progressi a partire dei primi incontri terapeutici. Non si tratta di aspettare sei mesi prima di iniziare a notare un miglioramento, in ogni sessione ti chiederò se sei migliorato in qualcosa"*

Il primo giorno siamo soliti richiedere un test standardizzato che misura l'ansia, per poi ripeterlo a volte per monitorare i progressi.

Probabilmente Pedro mi chiederà quando durerà la terapia, ed io risponderò che se lui noterà un miglioramento progressivo sarà sua la decisione sulla durata, poiché se una terapia funziona non è ne lunga ne corta...è solo il tempo necessario per stare bene o molto meglio. Detto ciò, in generale, possiamo dire tra sei mesi e due anni, dipende dal caso specifico.

23. Decine di pazienti: molte guarigioni

Negli ultimi anni abbiamo ricevuto visite e richieste di terapia, come ho spiegato all'inizio, da quasi tutte le parti del mondo.

Sono ormai moltissime le persone trattate, presenzialmente o Online, e una percentuale molto elevata si dice oggi curata, altri sono migliorati in modo significativo e altri, per ragioni diverse, si sono mostrati resistenti al trattamento.

Anche se ciò che ho scritto può sembrare una forma di pubblicità

e non nego che in parte sia così —, la mia più sincera intenzione è quella di restituire la speranza a tutte quelle persone che soffrono di questo grave disturbo, indipendentemente dall'età, siano come siano, e vivano dove vivano. Perché il disturbo ossessivo si può curare.

24. Il metodo AFOP per il trattamento dei disturbi ossessivi

Il nome di questo metodo da me sviluppato è un acronimo di Attivazione e Focalizzazione Pulsionale, che significa, in sintesi, tutto quello che ho spiegato in questo libro.

Ovvero, attivare le pulsioni primarie focalizzandole su un obiettivo appassionante; o anche risvegliare la vita e dirigerla verso degli obiettivi concreti che generino una motivazione sufficiente, passione e sinergia di energie, che facciano da stimolo e guidino la vita delle persone.

Quindi, non solo bisogna innescare gli istinti, il lato primitivo del paziente, ma, una volta fatto, si tratta anche di trovare la via, uno scopo che dia un senso alla sua esistenza.

Uscire dal carcere mentale per... Per fare che cosa? Per essere chi sei realmente, comprometttendoti e avendo il coraggio di vivere la vita. La tua.

25. Liberare il primate e salvare la principessa?

Questo è il titolo originale con cui ho iniziato questo libro, e anche se mentre scrivevo l'ho cambiato varie volte, alla fine ho deciso di lasciarlo. Credo che sia il più rappresentativo, quello che meglio descrive tutto ciò su cui ho lavorato e che ho approfondito.

Liberare il nostro "primate" interiore, la nostra natura istintiva, e integrare (riscattare, "salvare") la nostra natura femminile (la principessa), sconfiggendo così una psiche tirannica, reprimente e controllatrice.

Facciamo uscire l'animale che portiamo dentro, riconosciamo le nostre necessità e rendiamoci capaci di curare, accettare e integrare gli aspetti femminili della nostra psiche. Dell'Anima, come direbbe Carl Gustav Jung.

Se i lettori desiderano realizzare qualche domanda a proposito di ciò che è stato scritto possono scrivere al mio indirizzo e-mail damianruiz.ps@gmail.com o all'indirizzo del nostro Centro info@ipitia.com. Facciamo del nostro meglio per rispondere a tutte le richieste e domande che ci arrivano.

Dietro tutto ciò che hai letto c'è un grande sforzo personale, uno sforzo sostenuto dalla vocazione professionale e la passione per l'aiuto alle persone ad uscire dalla sofferenza psichica. Non è facile, come spiegavo nel prologo, proporre qualcosa di nuovo da una prospettiva terapeutica che smuove le fondamenta della comoda ufficialità. E bisogna essere molto sicuri di ciò che si fa e propone. Pero come ho appena detto, il commuovermi davanti alla sofferenza altrui è il motore delle mie azioni, della mia ricerca e del mio pensiero. Voglio continuare a lavorare, accompagnato dal team di IPITIA, per migliorare sempre di più i risultati della terapia che offriamo e più avanti, allo stesso tempo, generare dei passi avanti in altre problematiche e disturbi che ancora non godono in generale di risultati stabili come la depressione, le tendenze autodistruttive e alcune dipendenze.

La psicologia, la psicoterapia, deve essere efficace e i processi devono ridursi in termini di tempo, ma senza mai scadere nel riduzionismo e nella standardizzazione del trattamento.

Ogni persona è diversa e ha bisogno di un'attenzione personalizzata nella terapia nella quale possa percepire una miglioria progressiva fino a raggiungere un grado soddisfacente di recupero e, quando è possibile, una cura completa.

Questo è la mia scopo, e farò, faremo, tutto ciò che è possibile per portarla a termine.

Questo libro, in fondo, parla di vita e di libertà. La vita come una scoperta che si manifesta in ogni singolo momento, la vita che viene rilasciata quando usciamo dai confini prestabiliti, quando guardi Parigi con gli occhi della gioventù, quando navighi nella "dolce vita" di Fellini, quando leggi un gran romanzo, di Vila Matas o Houellebecq, per esempio. Quando t'innamori e ti consegni completamente all'atro, ti reinventi, ti concedi una notte solo per te, la più intensa delle notti. Quando dici di «no» a tutto quello a cui finora hai detto «sì». Parla del sederti di fronte alla luna e scoprire che ti affascina la bellezza degli uomini, o delle donne, o di entrambi, o che la musica ti trasporta così lontano che non potrai più tornare alla vita di sempre. Della libertà di pensare ciò che senti, e di sentire ciò che pensi. Di quella di dipingerti il viso di mille colori, di ballare a casa, di saltare a un concerto rock o davanti al Tannhauser di Wagner, e vibrare mettendoti lo spirito in mano, condividendolo con chi ti sta intorno, o con la prima persona che passando ti regali un ammiccamento, o di rubare un bacio a uno sconosciuto e andartene. Di affacciarti a Buenos Aires, a Roma, a New York, separandoti dal tempo cronologico, dal passare del tempo. E di credere nella magia.

Perché solo attraverso la passione si vive, solo attraverso l'amore ci si compromette, e solo attraverso la libertà si può scrivere un libro come questo.
Grazie.

RINGRAZIAMENTI:

137

Voglio ringraziare mia moglie e compagna di vita, Marina, per il suo completo appoggio alla creazione di questo libro; la mia amica linguista, Pilar Invernón, per la correzione sintattica e stilistica, e tutte quelle persone che hanno confidato in me come psicologo e terapeuta nel corso della mia traiettoria professionale. Specialmente la dottoressa Mercedes Torres, che mi ha aperto le porte dell'università, del suo studio e della sua amicizia, e gli analisti junghiani Josep López Aguilar, María Teresa Noguera e il Dott. Pere Segura.

Questo libro è scritto in chiave divulgativa, ed è diretto a tutte quelle persone che soffrono di un disturbo ossessivo compulsivo di minore o maggiore gravità, ai loro familiari e amici, e a tutti i terapeuti, medici e psicologi che hanno in cura questi pazienti.

È redatto in un linguaggio semplice e accessibile che permetta di capire come si origina e s'instaura e come si possa arrivare a curare questo disturbo.

Damián Ruiz è psicologo, analista junghiano e direttore del centro IPITIA di Barcellona (www.ipitia.com) creatore del metodo AFOP (Attivazione e Focalizzazione Pulsionale) per il trattamento del disturbo ossesivo.

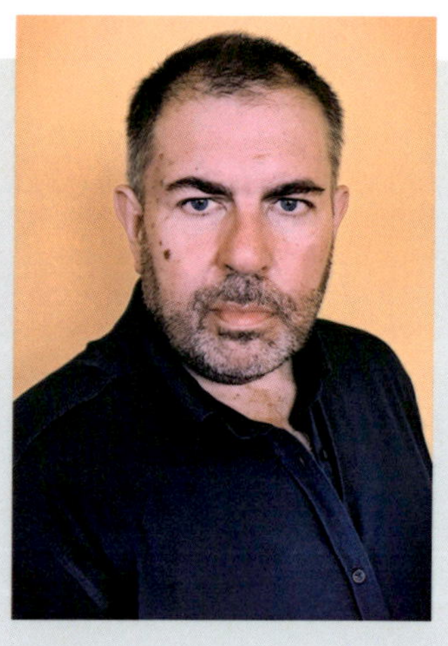

Laureato in Psicologia presso l'Università di Barcellona (UB).

Master in Psicologia Analitica presso l'Università Ramón Llull, Barcellona.

Analista Junghiano.

Membro dell'Istituto Carl G. Jung di Barcellona e della IAAP (International Association of Analytical Psychology).

È stato professore associato della Facoltà di Psicologia dell'Università di Barcellona.

Dirige ed esercita come psicologo ed analista in IPITIA, Istituto Psicologico Internazionale (www.ipitia.com) nella sua città natale, Barcellona.

www.ipitia.com

Damián Ruiz

Libérer le singe, sauver la princesse

Une méthode analytique-expérientielle
pour traiter les troubles obsessionnels

ORIOCC EDITORIAL